# उर्दू के मशहूर शायर
# जोश मलिहाबादी
## और उनकी चुनिंदा शायरी

सम्पादक

नरेंद्र गोविंद बहल

www.diamondbook.in

**प्रकाशक:** **डायमंड पॉकेट बुक्स (प्रा.) लि.**
X-30 ओखला इंडस्ट्रियल एरिया, फेज-II
नई दिल्ली- 110020
**फोन** : 011-40712200
**ई-मेल** : sales@dpb.in
**वेबसाइट :** www.diamondbook.in

---

**Urdu Ke Mashhoor Shayar Josh Malihabadi Aur Unki Chuninda Shayari**

Ed. By ***: Narender Govind Behl***

# दो शब्द

उर्दू अदब के मशहूर शायर जोश मलिहाबादी की पैदाइश 5 दिसम्बर 1898 में मलीहाबाद में हुई। जोश मलिहाबादी का नाम उन शायरों में लिया जाता है जिन्होंने देश की आजादी के लिए अंग्रेजों के खिलाफ कलम के जरिए आवाज बुलंद की। आपके जरिये लिखे गए एक एक शे'र आम इन्सान के नारे में तब्दील हो गए। इसी वजह जोश मलिहाबादी को इंकलाबी शायर कहा जाता है। यूँ तो आपका नाम शबीर हसन खान है लेकिन ग़ज़लों और नज़्मों में तखल्लुस 'जोश' और अपने इलाके का नाम मलिहाबादी भी जोड़ दिया जिससे उन्हें जोश मलिहाबादी कहा जाने लगा।

आपकी शुरुआती पढ़ाई घर पर ही हुई, उर्दू और फारसी आपने घर ही सीखी। अंग्रेजी तालीम के लिए लखनऊ गए और बाद में आगरा के सेंट पीटर्स कॉलेज गए। आप छः महीने रवीन्द्रनाथ टैगोर विश्वविद्यालय शांतिनिकेतन में भी रहे। लेकिन आपके वालिद बशीर अहमद खान के इंतकाल के बाद आगे की पढ़ाई जारी नहीं रह सकी। जोश 23-24 में ही बगावती तेवर वाली शायरी लिखने लगे थे।

जोश ने 1924 में उस्मानिया विश्वविद्यालय हैदराबाद में अनुवाद की निगरानी का काम शुरू किया। लेकिन उनका हैदराबाद रहना ज्यादा दिन नहीं चला दरअसल आपने एक नज्म रियासत के शासक के खिलाफ लिखी थी जिसकी वजह से आपको वहां रहने की इजाजत नहीं मिली। इसके बाद आपने 'कलीम'पत्रिका की स्थापना की जिसमें उन्होंने खुले तौर पर ब्रिटिश हुकूमत के खिलाफ लेख लिखा। इस लेख से वह चर्चा में आये और तब से आपको 'इन्कलाब ए शायर' कहा गया। आजादी के बाद जोश 'आजकल प्रकाशन' के सम्पादक बन गए।

1958 में वह भारत छोड़ पाकिस्तान चले गए। इस्लामाबाद 1982 में आपका इंतकाल हो गया। मरते दम तक उनकी ख्वाहिश थी कि 'जब भी मेरा इंतकाल हो तो मैं भारत की मिट्टी में दफनाया जाऊं।' मगर उनकी यह ख्वाहिश पूरी न हो सकी। लेकिन कब्र मलिहाबादी मिट्टी से ही बनी।

जोश को उर्दू साहित्य में उर्दू पर मजबूत पकड़ और उर्दू व्याकरण के बेहतरीन इस्तेमाल के जाना जाता है। जोश मलिहाबादी ने बहुत सी किताबें लिखी। 1921 में

आपका पहला संग्रह आया जिसमें 'शोला और शबनम', 'जूनून ओ हिकमत', 'फ़िक्र ओ निशात' है। आपकी आत्मकथा 'यादों की बारात' और नज्में 'जंगल की शहजादी', 'गुलबदनी' देश-विदेश में खूब मशहूर हुई। जोश को वतन से इतना प्यार था कि पाकिस्तान जाकर वह कभी खुश नहीं रहे। वे हमेशा भारत को याद करते जिसे इस नज़्म से समझा जा सकता है -

'जनों फर्ज़न की व बस्तगी ने वतन सी चीज को आखिर छुड़ाया
रहा मैं हिन्द की नजरों में मुस्लिम बना काफ़िर जो पाकिस्तान आया।'

**- संपादक**

**नरेंद्र गोविन्द बहल**

narendergovindbehl@gmail.com

# प्रकाशकीय

नरेन्द्र गोविन्द बहल उर्दू और हिन्दी कविता में गहन रुचि रखते है जिसके कारण उन्होंने अधिकतर मुशायरों व कवि सम्मेलनों में शिरकत की थी, इन्हीं आयोजनों की वजह से उन्हें साहित्य लेखन का भी शौक पैदा हुआ। लेखक की विभिन्न विषयों पर अब तक 60 से अधिक पुस्तकें प्रकाशित हो चुकी हैं। लालकिले में होने वाले कवि सम्मेलन और मुशायरों से कविता-शायरी के प्रति प्रेम बढ़ा और वहीं से उन्होंने उन्हें कविता लिखना भी प्रारंभ कर दिया था। कविता, गीत, गजल, शायरी को समझने के लिए उर्दू के मशहूर शायरों के जीवन के बारे में जानने के लिए उर्दू भाषा सीखी।

जब लेखक साहिर लुधियानवी, कैफ़ी आज़मी, जान-ए-सार अख्तर, अली सदार जाफरी, मजाज, नरेश कुमार 'शाद' आदि शायरों से मिले तो उनका पाठकीय दृष्टिकोण बदलने लगा और उन्होंने गालिब, फैज़, जफ़र, दाग आदि रचनाकारों को भी पढ़ना शुरू किया। इन शायरों को पढ़ते हुए लेखक के मन में एक उत्साह पैदा हुआ कि इन शायरों की पुस्तकें संपादित की जाएं। यह पुस्तक भी इसी उत्साह का नतीजा है।

डायमंड बुक्स प्रस्तुत करता है उर्दू के मशहूर शायर और उनकी चुनिंदा शायरी। इस सीरीज़ में नये पुराने शायरों की प्रसिद्ध एवं चुनिंदा शायरी का संकलन प्रकाशित किया है। इस सीरीज की प्रमुख पुस्तकें इस प्रकार हैं :-

**फ़ैज़**
**क़तील शिफ़ाई**
**जोश मलिहाबादी**
**शक़ील बदायूंनी**
**मीर**
**मोमिन ख़ां 'मोमिन'**
**साहिर लुधियानवी**
**मजाज़**
**इक़बाल**
**ज़फ़र**
**दाग़**
**अदा जाफरी**
**शाहिद मीर**
**मुज़फ़्फ़र वारसी**
**वसीम बरेलवी**
**आलम खुर्शीद**
**शहरयार**
**ग़ालिब**
**अख़्तर शीरानी**
**ज़ौक़**
**अकबर इलाहाबादी**
**नज़ीर अकबराबादी**
**फ़िराक़ गोरखपुरी**
**इफ़्तिख़ार आरिफ़**
**मजरुह सुल्तानपुरी**
**अहमद फराज**
**दर्द**
**नरेश कुमार शाद**
**मुश्ताक अहमद**
**मंज़ूर हाशमी**
**निश्तर ख़ानक़ाही**
**हरिराज सिंह नूर**
**अमजद इस्लाम अमजद**
**निदा फाजली**
**बशीर बद्र**
**बेकल उत्साही**
**परवीन शाकिर**
**कैफ़ी आज़मी**
**जाँ निसार अख़्तर**
**अली काज़मी**
**कुँअर बेचैन**
**माणिक वर्मा**
**अली सरदार जाफरी**
**मिर्ज़ा रफ़ी 'सौदा'**
**असग़र गोंडवी**
**चमन लाल चमन**
**राम अवतार बैरवा**
**रामदरश मिश्र**
**महताब हैदर नक़वी**

**मनीष वर्मा**

**manish@dpb.in**

## (1)

क़तरा क़तरा करके टपके माह-ओ-साल[1]
और यूँ जम करके भीगा बाल-बाल

दिन ने ठण्डी साँस ली खुर्शीद ओझल हो गया
रंग उड़ा सहरा[2] हुआ ख़ामोश, दरिया सो गया

नूर सिमटा तीरगी[3] फैली हवाएँ रुक गई
फूल कुम्हलाए, चमन सँवलाए शाख़ें झुक गई

रंग-ए-गुल[4], शोर-ए-चमन[5], जोश-ए-सबा[6], कुछ भी नहीं
एक ग़म अंग्रेज़ वहशत[7] के सिवा कुछ भी नहीं

उड़ गया रंग[8]'-ए'-शफ़क़ दिल चर्ख़[9] का थर्रा गया
रफ़ता-रफ़ता[10] रू-ए-आलम[11] पर धुआँ सा छा गया

इस धुएँ में अपनी ज़र्रीं, रौशनी खोते हुए
मैंने देखा रूह-ए-इन्सानी[12] को गुम होते हुए

---

1. सूरज 2. जंगल 3. अंधेरा 4. फूलों की रँगीनी, 5. बाग़ का शोर 6. हवा का ज़ोर 7. दुःख भरी वीरानी 8. उषा का रंग 9. आकाश 10. धीरे-धीरे 11. दुनिया के मुख पर 12. मानव आत्मा को।

## (2)

किसने वादा किया है आने का
हुस्न देखो ग़रीब ख़ाने[1] का

रूह को आईना दिखाते हैं
दर-ओ-दीवार मुस्कराते हैं

आज घर, घर बना है पहली बार
दिल में हैं खुश सीलोक़गी[2] बेदार[3]...

जमा सामाँ है एश-ओ-इशरत[4] का
ख़ौफ़ दिल में फ़रेब-ए-क़िस्मत[5] का

सोज़-ए-क़ल्ब-ए-कलीम[6] आँखों में
अश्क-ए-उम्मीद-ओ-बीम[7] आँखों में

चश्म-बर-राह[8]-ए-शौक़ के मारे
चाँद के इन्तेज़ाम में तारे

---

1. निवास 2. सुघड़पन 3. जागरूक 4. खुशी 5. दुर्भाग्य का डर 6. कलीम पैगम्बर के दिद की जलन 7. आशा और निराशा 8. प्रतीक्षा में, मार्ग पर नज़रें बिछाए।

## (3)

पहचान गया, सैलाब[1] है उस के सीने में अरमानों का
देखा जो सफ़ीने[2] को मेरे, जी छूट गया तूफ़ां का

ये शौख़ फ़ज़ा, ये ताज़ा चमन, ये मस्त घटा, ये सर्द हवा
काफ़िर है अगर इस वक़्त भी कोई रुख़ न करे मैख़ानों[3] का

ये किस की हयात अफ़रोज़[4] नज़र ने छेड़ दिया है आलम[5] को
हर ख़ाक के अदना[6] ज़र्रे में हंगामा है लाखों जानों का

हां ज़ुल्मो-सितम से भी क़दरे पड़ती हैं खराशें सीने में
सब से है मोहलिक[7] ज़ख़्म मगर ऐ हुस्न तेरे एहसानों का

दुनिया ने फसानों को बख़्शी अफ़सुर्दा[8] हक़ाइक़ की तलख़ी[9]
और हम ने हक़ाइक़[10] के नशे में रंग भरा अफ़सानों का

ऐ जोशे-जुनूं की शामो-सहर[11] में वक़्त की ये रफ़्तार नहीं
दानाओं[12] की तुलानी सदियां, और एक नफ़स[13] दीवानों का

1. बाढ़ 2. घर 3. मधुशाला 4. जीवन की रोशनी 5. तुच्छ 6. घातक 7. दुखभरी 8. कड़वाहट 9. सचाई 10. सांय एवं प्रातः 11. समझदारी 12. श्वास

## (4)

क़दम इनसां का राहे-दहर में थर्रा ही जाता है
चले कितना ही कोई बच के, ठोकर खा ही जाता है

नज़र हो ख़्वाह कितनी ही हक़ीक़त आशना फिर भी
हुजूमे-कशमकश[1] में आदमी घबरा ही जाता है

ख़िलाफ़े-मस्लेहत[2] मैं भी समझता हूं, मगर वाइज़
वो आए हैं तो चेहरे पर तग़य्युर[3] आ ही जाता है

हवायें ज़ोर कितना ही लगायें आंधियां बन कर
मगर जो घिर के आता है वो बादल छा ही जाता है

शिकायत क्यों उसे कहते हो, ये फ़ितरत है इनसां की
मुसीबत में ख़्याले-ऐश रफ़्ता आ ही जाता है

समझती हैं माले गुल, मगर क्या ज़ोरे-फ़ितरत है
सहर होते ही कलियों को तबस्सुम[4] आ ही जाता है

---

1. असमंजस की भीड़ 2. नीति के विरुद्ध 3. परिवर्तन 4. मुस्कुराहट

## (5)

उठी वो घटा, रंगे सामानियां कर
गुहर पाशियां कर, ज़र-अफ़शानियां[1] कर

वोह चहके अनादिल[2], वो सनकीं हवायें
गुलों की तरह चाक-दामानियां कर

सुराही झुका और घूमें मचादे
गुलाबी उठा और गुल अफ़शानियां[3] कर

मिटा दाग़े-होश और मदहोश बन जा
उठा जामे ज़रा और सुलतानियां कर

सकूं पाँव चूमे वो हलचल मचादे
हज़ो[4] सर झुका दे वो नादानियां कर

अल्म खोल कर "जोश" बद मस्तियों के
जहां-दारियां[5] कर, जहां-बानियां[6] कर

---

1. धन वर्षा 2. बुलबुलें 3 पुष्प वर्षा 4 निंदा 5. शासन 6 शासन

## (6)

जहां है शौक़, वहां कैफ़ो कम की बात नहीं
दयारे-ऐश में दैरो-हरम[1] की बात नहीं

जहां भी रोक ले नज़र, वहीं ठहर जाऊं
अरब की बात नहीं है, अजम की बात नहीं

अज़ल से दश्ते-नवर्दी[2] का शौक़ है दिल को
ग़ज़ाले-दश्त के अंदाजे-दम की बात नहीं

बुला रही है मेरी ख़ूए-एतिबार मुझे
किसी के क़ौल, किसी की कसम की बात नहीं

ख़ुद अपना ज़ौक़े असीरी[3] है पांव की ज़ंजीर
हुज़ूर! आप की जुल्फ़ों की ख़म की बात नहीं

मेरे वजूद की बुनियाद है इबादत पर
बहारे-कौसर व बाग़े-अदम की बात नहीं

किसी के अश्वए-दरिया-दिली[4] पे मरता हूं
किसी की बख़शिश-ए-दामो-दिरम[5] की बात नहीं

---

1. मंदिर-मस्जिद 2. जंगल की यात्रा 3. बंदी बनने की अभिरूचि 4. अहंकार की दयालुता
5. भिक्षा

## (7)

नुमायां मुन्तहाए[1]-सई-ए-पैहम[2] होती जाती है
तबियत बे-नियाज़ हर दो आलम होती जाती है

उठी जाती है दिल ले हैबते आलामे रुहानी
जराहत[3] बहरे-क़ल्बे-ज़ार मरहम होती जाती है

किनारा कर रहा है रूह से हैजान[4] सरताबी
कि गर्दन जुस्तजू के ज़ौक में ख़म होती जाती है

जुनूं का छा रहा है ज़िन्दगी पर धुन्दलका सा
ख़िर्द की रोशनी सीने में मद्धम होती जाती है

नसीमे बे-नियाज़ी आ रही है बामे गिर्दूं से
उरूस-ए-मुद्दाआ की जुल्फ़ बिरहम होती जाती है

नुमायां हो चला है इक जहां चश्मे-तसव्वुर पर
नज़र शायद हरीफ़[5] साग़र-ए-जम होती जाती है

गिरह यूं खुल रही है हर नफ़स ज़ौक़े तमाशा की
कि हर अदना सी शै अब एक आलम होती जाती है

ख़जल[6] था जिस की शोरिश से तलातुम[7] बहरे हस्ती का
मिरे दिल में वह हलचल "जोश" अब कम होती जाती है

---

1. पराकाष्ठा 2. निरंतर प्रयत्न 3. शल्य चिकित्सा 4. अशांति 5. प्रतिद्वन्दी 6. लज्जित 7. तूफान

## (8)

दूर अंदेश मरीज़ों की ये आदत देखी
हर तरफ देख लिया जब तेरी सूरत देखी

आए और इक निगह-ए-ख़ास से फिर देख गए
जब कि आते हुए बीमार में ताक़त देखी

कुव्वतें[1] ज़ब्त की हर चंद संभाले थीं मुझे
फिर भी डरते हुए मैं ने तेरी सूरत देखी

उस की सूरत को बहुत ग़ौर से देखा मैं ने
सरसरी तौर से जिस ने तेरी सूरत देखी

सब ये कहते हैं "उसे अब कोई आज़ार[2] नहीं"
क्यों सितमगार मेरे ज़ब्त की कुव्वत देखी

इस कद्र यास[3] भी होती है कहीं दुनिया में
रो दिये हम जो तेरी चश्मे इनायत देखी

मुझ को तालीम से फुर्सत ही कहां ऐ "जोश"
कह लिया शैर जब कोई फुर्सत देखी

---

1. शक्ति 2 बीमारी 3. निराशा

## (9)

क्यों खुशी हम को उम्र भर न हुई
तुम को इस राज़ की ख़बर न हुई

साज़े इशरत[1] की दिल फ़रेब सदा
हमसर गिरिया-ए-सहर[2] न हुई

मेरी वारफ़तगी[3] मआज़ल्लाह
तुम भी आए तो कुछ ख़बर न हुई

कौन इस का यक़ीन लायेगा
मेरा मरना तुम्हें ख़बर न हुई

आ गई शर्म मेरे शिक्वों को
जबकि नीची तेरी नज़र न हुई[4]

हम भी उठते बख़न्दा4 पैशानी
कभी ऐसी कोई सहर न हुई

---

1. सुख निर्माण 2. प्रातःकाल की रनदन 3. चोट 4. प्रसन्नतापूर्वक

## (10)

मेरी हालत देखिए और उनकी सूरत देखिए
फिर निगाहे-ग़ौर से क़ानूने-कुदरत देखिए

बेरे महताब व कवाकिब से तबस्सुम ताबके
रो रही है वो किसी की शमा तुरबत[1] देखिए

आप इक जलवा सरासर, मैं सरापा इक नज़र
अपनी हाजत देखिए, मेरी ज़रूरत देखिए

अपने सामान तईश[2] से अगर फुर्सत मिले
बेकसों का भी कभी तर्ज़े मईशत[3] देखिए

मुस्कुराकर इस तरह आया न कीजिए सामने
किस क़द्र कमज़ोर हूं मैं मेरी सूरत देखिए

आप को लाया हूं वीरानों में इबरत[4] के लिए
हज़रते-दिल देखिए, अपनी हक़ीक़त देखिए

सिर्फ़ इतने के लिए आंखें हमें बख़शीं गईं
देखिए दुनिया के मंज़र, और ये इबरत देखिए

---

1. समाधि, कब्र 2. भोग-विलास 3. जीविका-पद्धति 4 सीख

## (11)

जब से मरने की जी में ठानी है
किस क़द्र हम को शादमानी[1] है।

शायरी क्यों न रास आए मुझे
ये मेरा फ़ने ख़ानदानी[2] है

क्यों लबे इल्तिजा को दू जुंबिश
तुम न मानोगे और न मानी है

रूह क्या है ? आह की ख़फ़ीफ़[3] हवा
ख़ून क्या है ? आंसूओं का पानी है

आप हम को सिखायें रहमे वफ़ा
महरबानी है, महरबानी है

दिल मिला है जिन्हें हमारा
तल्ख़[4] उन सब की ज़िन्दगानी है

कोई सदमा ज़रूर पहुंचेगा
आज दिल को कुछ शादमानी है

---

1. खुशी 2. परिवारिक कला 3. थोड़ी, कम 4 कटु

## (12)

तबस्सुम है वो होंटों पर जो दिल का काम कर जाए
उन्हें इस की नहीं परवाह कोई मरता है मर जाए

दुआ है मेरी ऐ दिल तुझ से दुनिया कूच कर जाए
और ऐसी कुछ बने तुझ पर कि अरमानों से डर जाए

जो मौक़ा मिल गया तो ख़िज़्र[1] से ये बात पूछेंगे
जिसे हो जुस्तुजू अपनी वो बेचारा किधर जाए

सहर को सीनए आलम में परतौं[2] डालने वाले
तसद्दुक़ अपने जलवे का मेरा बातिन[3] संवर जाए

परेशां बाल करते हैं, उन्हें शोख़ी से मतलब है
बिखरता है अगर शीराज़ा-ए-आलम[4], बिखर जाए

हयाते-दाईमी[5] की लहर है उस ज़िन्दगानी में
अगर मरने से पहले बन पड़े तो "जोश" मर जाए

---

1. पथ-प्रदर्शक 2. छाया, प्रतिबिम्ब 3. हृदय 4. सांसारिक-प्रबन्धन 5. स्थायी जीवन

## (13)

पहुंच कर आलमे वहदत में दिल से काम लेते हैं
जब आधी रात आ जाती है उन का नाम लेते हैं

बरस जाते हैं मोती बर्क़[1] सी इक कूंद जाती है
कुछ इस अंदाज़ से वो मुस्कुरा कर जाम लेते हैं

कोई इस कोशिश-ए-अख़्फ़ाए[2] राज़े इश्क़ की हद भी
कि ख़िलवत[3] में भी आहिस्ता किसी का नाम लेते हैं

ये सुन कर हम ने मैख़ाने में अपना नाम लिखवाया
जो मैकश लड़खड़ाता है वो बाज़ू थाम लेते हैं

सहर तक चांद मेरे सामने रखता है अक्स उन का
सितारे शब को मेरे साथ उन का नाम लेते हैं

नहीं मालूम क्या खोई हुई शय याद आती है
हवा जब सर्द चलती है कलेजा थाम लेते हैं

क़रीबे रहगुज़र तुर्बत[4] का होना भी क़यामत है
इधर से जो गुज़रते हैं तुम्हारा नाम लेते हैं

---

1. बिजली 2. गोपनीयता का चेष्य 3. एकांत 4. समाधि, कब्र

## (14)

दिल बुझ गया है ये सीना ख़ाली सा हो गया है
बैठा हुआ हो हैरान कुछ जैसे खो गया हो

बीमारे शामे-ग़म की अल्लाह री ना-उम्मीदी
मिलते ही तुम से आंखें, कुछ चुप सा हो गया है

किस ज़ोर में रवां है दरियाए ग़म का धारा
आया है वो, अपनी किश्ती डुबो गया है

आता है मुझ को क्या क्या बे-इख़्तियार रोना
जब कोई पूछता है, क्या तुझ को हो गया है

कल सब को चांदनी में फिर उस की याद आई
हम जानते थे दिल से वो महव[1] हो गया है

चेहरे पे मुरदनी सी छाई हुई है गोया
दो दिन में "जोश" तेरा क्या हाल हो गया है

---

1. तल्लीन

## (15)

तज़ुर्बे के दश्त से दिल को गुज़रने के लिए
रोज़ इक सूरत नई बे ग़ौर करने के लिए

जब कोई बनता है लाखों हस्तियों के मेट कर
सुबह तारों को दबाती है उभरने के लिए

हामिले इसरारे फ़ितरत हूं, गदा[1] भी हूं तो क्या
बात ये काफ़ी है मुझ को फ़ख़र करने के लिए

रूह को चमका, ख़ुदी को तोड़ कर ज़ीने बना
दो ये तदबीरें[2] हैं दुनिया में उभरने के लिए

ग़ौर से देखा निज़ामे दहर तो साबित हुआ
आदमी पैदा हुआ है काम करने के लिए

गौहरे मक़सूद[3] ख़ुद मिलता है हिम्मत शर्त है
मुज़तरिब[4] रहता है हर मोती उभरने के लिए

कह दो दुनिया के हवादिस से न छेड़ें इस तरह
"जोश" हम तय्यार ही बैठे हैं मरने के लिए

---

1. भिखारी 2. उपाय 3. मोती का कामना 4. व्याकुल

## (16)

कुव्वत बढ़ा रही हैं दमे-सुबह नूर की
रूहानियत में ग़र्क़ सदायें तयूर[1] की,

तेरे सलूक से मुझे चंदां ग़र्ज़ नहीं
मैं ने तेरी ख़ुलूस से ख़िदमत ज़रूर की

रोके हुए हैं गो कि तहम्मुल[2] की कुव्वतें
रग-रग तड़प रही है दिले नासबूर की

कहते थे दिल पे हाथ न रखा करो बहुत
आदत बिगाड़ दी न दिले नासबूर[3] की

ऐ "जोश!" ये कलाम में होती न गर्मियां
तुम ने कभी किसी से मुहब्बत ज़रूर की

---

1. चिड़ियाँ 2. सहनशीलता 3. असंतोषी हृदय

## (17)

यूं हम इस शौक़ को पहलू में लिए बैठे हैं
कोई देखे तो ये समझे कि पिटे बैठे हैं

तुम से इज़हारे ख़यालात करें या मर जायें
आज इस बात का हम अहद[1] किए बैठे हैं

ज़िद दिलाना जो है मक़सूद तबस्सुम को तेरे
हम फिर आज अपने गिरेबां को लिए बैठे हैं

हंस रहे हैं शबे वादा वोह मकां में अपने
हम इधर ऐश का सामान किए बैठे हैं

जो मुक़द्दर में है वो होके रहेगा ऐ "जोश"
आप क्यों दिल को परेशान किए बैठे हैं

---

1. प्रण

## (18)

खामोशियों से और कुछ आज़ाद न हो जाए
डरता हूं सलब[1] कुव्वते गुफ़्तार[2] न हो जाए

देख ऐ जफा-शुआर[3] न कर इस क़द्र सितम
कोई ग़रीब जान से बेक़रार न हो जाए

हरचंद ख़ुदकुशी[4] को बुरा जानता हूं मैं
मुझ से भी काम ये कहीं नाचार न हो जाए

अंजाम इश्क़ लौह[5] पे लिखो न दोस्तो
दुनिया वफ़ा के नाम से बेज़ार न हो जाए

---

1. छीन लेना 2. वार्तालाप की शक्ति 3. निदयता की पद्धति 4. आत्महत्या 5. पट्टिका

## (19)

दर्द को दिल में जो कम पाता हूं
कांप उठता हूं, तड़प जाता हूं

जब किसी को नहीं पाता हमदर्द
हर तरफ देख के रह जाता हूं

मुझ से कहिए न ख़ुशी के क़िस्से
ऐसी बातों से मैं घबराता हूं

अल्लाह-अल्लाह ये इज़्ज़त ग़म की
अब जो हंसता हूं तो शर्माता हूं

## (20)

दर्द ने दिल में चमक कर तरफ़ा सामां कर दिया
पैकर-ए-तारीक[1] को फ़ानस-ए-इर्फ़ां[2] कर दिया

हम ने फूलों को छुआ मुरझा के कांटे हो गए
तुम ने कांटों पर क़दम रखा गुलिस्तां कर दिया

इस इनायत के तसद्दुक[3], इस ताल्लुक के निसार
आप को मेरी ख़ताओं ने पशेमां[4] कर दिया

---

1. अंधकार 2. विद्वता का प्रकाश 3. त्यौहार 4. लज्जित

## (21)

रोज़ मुंह आंसुओं से धोते हैं
दिल की ना-ताक़ती पर रोते हैं

याद आती हैं जब तेरी बातें
हम कलेजा पकड़ के रोते हैं

कुछ नहीं अब मुहाल दुनिया में
मेरी तुर्बत[1] पे आप रोते हैं

---

1. समाधि, कब्र

## (22)

जोश मर रहने की जी में ठान लें
अब तो इस दिल ही का कहना मान लें

जान लेंगे फ़लसफ़ा[1] हर चीज़ का
पहले हम अपनी हक़ीक़त जान लें

सद्र[2] है ये कौन बज़्मे हश्र में
इक ज़रा सूरत तो हम पहचान लें

---

1. दर्शनशास्त्र 2. अध्यक्ष

## (23)

देखते ही उन्हें, वो हाल न था
मुझ को जैसे कोई मलाल न था

तेरे मिलने से क़िब्ल[1] मुझ को
था, मगर इस क़द्र मलाल न था

लौट जाता चमक पे दुनिया की
मैं कोई तिफ़्ल[2] खुर्द-माल[3] न था

---

1. पहले 2. शिशु 3. खाद्य-सामग्री

## (24)

अंजाम के आग़ाज़ को देखा मैंने
माज़ी[1] के हर अंदाज़ को देखा मैंने
कल नाम तेरा लिया, जो बूए-गुल ने
ता देर उस आवाज़ को देखा मैंने

उन मवाक़े पे हम को होश आया
जब कहीं ज़िक्र से खरोश आया
मेरी बेहोशियों को जो समझा
ज़िन्दगी भर न उस को होश आया

बेमायगी नियाज़ो इफ़लासे गुदाज़[2]
नादारी-अश्वा[3] वहती दस्ती नाज़
कोताह-निगाहों[4] को बताऊँ क्यों कर
क्या हादसा अज़ीम है उम्रे दराज़

---

1. भूतकाल 2. कोमल निर्धनता 3. दीन अहंकार 4. लघु दृष्टि

## (25)

पज़-मुर्दा[1] होके, बेरुख़ी बाग़बान से हम
बर्गे-ख़िज़ां[2] की तरह चले बोस्तान[3] से हम
तलक़ीन[4] की एहतियाज नहीं हम को ज़ाहिद
हैं फ़ैज़याब, सोहबते पीरे-फ़ुग़ां[5] से हम

जब से आशिक हुए तुम्हारे हम
लग गए गोर के किनारे हम
वस्ल की शब[6] वो मुझ से कहते हैं
आज तुम जीते और हारे हम

तेरी ज़ुल्फ़ों में है कहानी मेरी
तेरी पलकों में पुरफ़शानी[7] मेरी
ये जो तेरी आंखों में हैं ग़लतां डोरे
गुज़री थी यहीं से कल जवानी मेरी

---

1. खिन्न 2. पतझड़ के पत्ते 3. उद्यान 4. उपदेश 5. वृद्ध के परिवाद 6. मिलन की रात 7. बिखराव की कहानी

## (26)

पहले तो ग़ुरुब[1] हुआ मेरा चेहरा
फिर यार क़मर जबीं का उतरा चेहरा
शायद मेरे चेहरे को मनाने के लिए
उस शोख़ ने भेजा है ख़ुद अपना चेहरा

दम उनके सामने निकले दुआ ये मांगूंगा
ज़रा मुझे मेरे एहबाब क़िब्ला-रू[2] करते
बुरा हो दिल का ये कम्बख़्त आह कर बैठा
क़रीब था कि वो मुझ से गुफ़्तगू करते

रात भर गिनते रहे तारे शबे-तार में हम
याद अफ़शाने रुख़े-यार ने सोने न दिया
ख़्वाब में देख लिया, रक़्स[3] जो करते उन को
घुंघरू की हमें झनकार ने सोने न दिया

---

1. डूबना 2. मक्का की तरफ 3. नृत्य

## (27)

ये रश्क[1] के सदमे कभी दिल सह नहीं सकता
जन्नत भी तेरा घर हो तो मैं रह नहीं सकता
समझो तो उसी पर्द में कह जाता है सब कुछ
जो तुम से ये कहता है, मैं कुछ कह नहीं सकता

जो यादे हिज्र[2] में उन की कोई अदा आई
पीरी का भेस बदल कर मेरी क़ज़ा आई
सबा तो आई है क्या हो के उस के कूचे से
कि तुझ से आज मुझे बए-आशना[3] आई

आमादा हो जो स़ोज़े-निहां[4] के बयान पर
अंगारा ख़ुद उठा के मैं ररखलूं ज़ुबान पर
छोड़ो ख़ुदा पर ही कि वहां होगा फ़ैसला
मेरे बयान पर न तुम्हारे बयान पर

---

1. ईष्या 2. जुदाई 3. मित्र की सुगंध 4. छुपी हुई जलन

## (28)

अज़ल[1] के रोज़ तेरी शक्ल जब बनाई थी
बनाने वाले को इतनी पसंद आई थी

कि देर तक तुझे देखा किया था हैरत से
नज़र जमाई थी रुख़सार[2] पर मुहब्बत से

नज़र ने अपना किया काम एक मरकज़[3] पर
सियाह निशान बनाया निगाह ने जम कर

ख़बर भी है तुझे? ये सोज़िशे निहां[4] है वही
समझ रहा है जिसे "ख़ाल[5]" ये निशां है वही

---

1. संसार का प्रथम दिन 2. चेहरा 3. केन्द्र 4. गुप्त तपन 5. तिल

## (29)

क्यों सुबह यूं अर्क़ में नहाए हुए हो तुम
शायद किसी ख़लिश[1] के जगाए हुए हो तुम

उलझा हुआ है कर्ब[2] से हर रिश्ताए-नफ़स
गो देखने में ज़ुल्फ़ बनाए हुए हो तुम

जिन मशग़लों[3] से खेलती रहती थी कमसिनी
उन मशग़लों से हाथ उठाए हुए हो तुम

शायद ये एहतिमाम हुआ अख़्फ़ाए-राज़[4] का
हमजोलियों से आरव चुराए हुए हो तुम

ख़ुद को लिए-दिए हो मगर कह रहे हैं तूर[5]
सीने में एक हश्र छुपाए हुए हो तुम

क्या "जोश" नामुराद को देखा है ख़्वाब में
यों सुबह को जो शाम बनाए हुए हो तुम

---

1. चुभन 2. व्याकुलता 3. कार्य 4. गोपनीय रहस्य 5. पद्धति

## (30)

बे ताल्लुक हो दीनो-दुनिया से
हुब्बे-सरवत[1] न, फ़िक्रे जन्नत है

न मुझे शौक़ सुबहे आसाइश
न मुझे ज़ौक़ शामे इश्रत है

न तो हरो क़सूर पर मायल[2]
न तो साकी-ओ-मे से रग़बत[3] है

न तक़ाज़ए मनसबो जागीर
न तमन्नाए शानो शौकत

"कुछ मुझे तेरे दर से मिल जाए"
किस मुनाफ़िक़[4] को इस की हसरत है

क्या करूंगा मैं नैमतें लेकर
मेरी हर सांस एक नेमत है

तुझ पे रौशन है ऐ मिरे मौला
कि मेरे दिल में सोज़े-वहदत है

"तेरे इनाम" की नहीं ख़्वाहिश
बल्कि मुझ को "तेरी" ज़रूरत है

---

1. वैभव से प्रेम 2. अनुरक्त 3. प्रेम 4. मतभेद रखने वाला

## (31)

लोग हंसते हैं, चहचहाते हैं
शाम को सैर से जब आते हैं

लेम्प की रोशनी में यारों को
दास्तानें नई सुनाते हैं

हम पलटते हैं जब गुलिस्तां से
आह भरते हैं, थरथराते हैं

आप समझे ये माजरा क्या है
सुनिए हम आप को सुनाते

वो लगाते हैं सिर्फ़ चक्कर ही
हम मनाज़िर[1] से दिल लगाते हैं

वो नज़र डालते हैं लहरों पर
और हम तह में डूब जाते हैं

घर पलटते हैं वो "हवा" खाकर
और हम "ज़ख़्म" ख़ाके आते हैं

---

1. दृश्यों

## (32)

किधर है मौत? आ कि ग़म से लबों पर अब जान आ रही है
वो शमा, जो यादगारे शब थी, उसे भी आंधी बुझा रही है।

दुहाई हुस्ने ख़जस्ता ख़ू[1] की, कि रस्मे आलम की फ़ितना खेज़ी
छुटे हुओं को मिला रही है, मिले हुओं को छुड़ा रही है

उधर उरूसी लिबासे ज़र[2] में दमक रहा किसी का मुखड़ा
इधर किसी की ख़ुशी को दुनिया सियाह कफ़न पहना रही है

उधर नफ़री[3] की मस्त लहरें लिए हुए हैं पयामे शादी
इधर नसीमे सहर की जुंबिश तरानाए ग़म सुना रही है

क़दीम पैग़ामबर[4] थी मेरी, सबा को ये आज क्या हुआ है
इधर बुझाती चली हैं शम्में, उधर शगूफ़े खिला रही है

इधर कलेजे में थरथराना है शोला मर्गे नागहानी[5]
उधर शबिस्ताने रंगो-बू[6] में हयाते नौ मुस्कुरा रही है

---

1. शुभ 2. दुल्हन का कीमती कपड़ा 3. ध्वनि 4. पुरानी संदेशवाहक 5. अचानक मृत्यु 6. अंतः पुर का रंग और सुगंध

## (33)

ज़रिया है दिमागों के लिए नाजुक ख़याली का
मजाज़ी हुस्न इक बारीक सा पर्दा है जाली का

नज़र को तालिबे दीदार की जो साफ़ करता है
और इतना छानता है, इस क़द्र शफ़्फ़ाफ़[1] करता है

कि आ जाता है इतना नर इनसां की बसारत[2] में
निगाह लरज़िश[3] नहीं करती हैं फिर बज़्मे हक़ीक़त में

न दिल में ख़ौफ़ रहता है न आंखें ही झपकती हैं
बा आसानी निगाहें रूए-जानां देख सकती हैं

जहां तक हो सके हुस्ने-मजाज़ी पर नज़र डालो
और उसके नूर से अपनी निगाहें साफ़ कर डालो

---

1. स्वच्छ 2. दृष्टि 3. कम्पन

## (34)

सर्द उंगली अपने मुफ़्लिस बाप की पकड़े हुए
रो रहा है एक बच्चा इक दुकां के सामने

इक खिलौने की तरफ़ उंगली उठाकर बार-बार
कुछ नहीं कहता, लेकिन रो रहा है ज़ार-ज़ार

बाप की नमनाक[1] आंखों में पये तकमील-ए-पास[2]
क्या क़यामत है पिसर के आंसूओं का इनइकास[3]

दिल हुआ जाता है बच्चे के बिलकने से फ़िगार[4]
कह रहा है ज़ेरे लब फ़रियाद ऐ-परवरदिगार

वाह क्या तक़दीर है इस बंदा-ए-मासूम की
हो चली हैं उंगलियां ठंडी मेरे मासूम की

---

1. आर्द्र, गीली 2. पाने की ललक 3. प्रतिबिम्बित होना 4. घायल

## (35)

इबादत करते हैं जो लोग जन्नत की तमन्ना में
इबादत तो नहीं है, इक तरह की वो तिजारत[1] है

जो डर कर नारे दोज़ख़[2] से ख़ुदा का नाम लेते हैं
इबादत क्या वो ख़ाली बुज़दिलाना एक ख़िदमत है

मगर जब शुक्र नैमत में जबीं झुकती है बंदे की
वो "सच्ची बंदगी" है इक शरीफ़ाना इताअत[3] है

---

1. व्यापार 2. नर्क की अग्नि 3. आज्ञा पालन

## (36)

किस ज़ुबां से कह रहे हो आज ऐ सौदागरो
दहर में इनसानियत के नाम को ऊंचा करो

जिस को सब कहते हैं हिटलर, भेड़िया है भेड़िया
भेड़िये को मार दो गोली, पए अम्नो बक़ा[1]

हाथ है हिटलर का रख़्शें[2] ख़ुद-सरी की बाग पर
तेग़[3] का पानी छिड़क दो, जरमनी की आग पर

सख़्त हैरां हूं कि महफ़िल में तुम्हारी और ये ज़िक्र
नूए इनसानी के मुस्तक़बिल की अब करते हो फ़िक्र

जब यहां आए थे तुम, सौदागरी के वास्ते
नोऐ इनसानी के मुस्तक़बिल से क्या वाक़िफ़ न थे

---

1. शांति के अस्तित्व के लिए 2. घोड़ा 3. तलवार

## (37)

हिन्दियों के जिस्म में क्या रोगे आज़ादी न थी
सच बताओ क्या वो इनसानों की आबादी न थी

अपने जुल्म-ए-बेनिहायत का फ़साना याद है
कम्पनी का भी वो दौरे मुजरिमाना याद है

लूटते फिरते थे तुम, जब कारवां दर कारवां
सर बरहना[1] फिर रही थी दौलते-हिन्दोस्तां

सनअतें[2] हिन्दुस्तां पर, मौत थी छाई हुई
मौत भी कैसी, तुम्हारे हाथ की लाई हुई

अल्लाह-अल्लाह किस क़द्र इनसाफ़ के तालिब हो आज
मीर जाफ़र की कसम, क्या दुश्मने हक़ था सिराज

वो अवध की बेगमों का भी सताना याद है
याद है, झांसी की रानी का ज़माना याद

शैर दिल टीपू की ख़ूनीं दास्तां भी याद है
हिजरते सुलताने-देहली का समां भी याद

---

1. नंगे सर 2. उद्योग-धंधे

## (38)

सच कहो क्या हाफ़ज़े में है, वो जुल्म बे पनाह
आज तक रंगून में, इक क़ब्र है जिस की गवाह

ज़हन में होगा ये ताज़ा हिन्दियों का दाग़ भी
याद तो होगा तुम्हें जलियां-वाला बाग़ भी

पूछ लो उस से, तुम्हारा नाम क्यों ताबिन्दा[1] है
"डायर" गर्ग दहन[2] आलूद[3] अब भी ज़िन्दा

वो भगत सिंह, अब भी जिस के ग़म में दिल नाशाद है
उस की गर्दन में जो डाला था वो फंदा याद है

आज किश्ती ख़ल्क़े अमवाज पर खेते हो क्यों
सख़्त हैरां हूं कि अब तुम दर्से-हक देते हो क्यों

मुजरिमों के वास्ते ज़बा[1] नहीं ये शोरिशें[2]
कल यज़ीदो-शमर थे और आज बनते हो हुसैन

---

1. प्रकाशमान 2. भोड़िया 3. पापी

## (39)

खैर ओ सौदाग़रो! अब है तो बस इस बात में
वक़्त के फ़रमान के आगे झुका दो गर्दिशें[3]

इक कहानी वक़्त लिखेगा, नये मज़मून[4] की
जिस की सुर्ख़ी को ज़रूरत है तुम्हारे ख़ून की

वक्त का फ़रमान, अपना रुख़ बदल सकता नहीं
मौत टल सकती है, ये फ़रमान टल सकता नहीं

---

1. उचित 2. दंगा, अशांति 3. गर्दनें 4. विषय

## (40)

मताए-बेबहा[1] है दर्दो-सोज़े आर्जु मन्दी
मुक़ामे बन्दगी देकर न लूँ शाने-खुदा वन्दी

तिरे आज़ाद बन्दों की न यह दुनिया न वो दुनिया
यहां मरने की पाबन्दी वहाँ जीने की पाबन्दी

हिजाब[2] अकसीर[3] है आवारा-ए-कूए-मोहब्बत को
मिरी आतिश को भड़काती है तेरी देर पैवन्दी

गुज़र औक़ात कर लेता है यह कोह-ओ-बयाबां[4] में
कि शाहीं[5] के लिए जिल्लत है कारे आशियां बन्दी

मिरी मश्शातगी[6] की क्या ज़रूरत हुस्ने मानी को
कि फ़ितरत ख़ुद ब ख़ुद करती है लाले की हिनाबन्दी

---

1. अमूल्य-निधि 2. पर्दा 3. पर्याप्त 4. पर्वत एवं जंगल 5. एक पक्षी 6. यानी मुसलमान

## (41)

कभी ऐ हक़ीकते-मुंतज़र[1] नज़र आ लिबासे-मजाज़[2] में
कि हज़ारों सजदे तड़प रहे हैं मेरी जबीने-नियाज़[3] में

तू बचा बचा के न रख इसे, तिरा आईना है वो आईना
कि शिकस्ता हो तो अज़ीज़[4] तर है निगाहे-आईना साज़ में

न कहीं जहाँ में अमां[5] मिली जो अमां मिली तो कहां मिली
मिरे जुर्मे-ख़ाना खराब को तिरे उफवे-बन्दा नवाज़[6] में

न वो इश्क़ में रही गर्मियां न वोह हुस्न में रही शोख़ियां
न वो ग़ज़नवी[7] में तड़प रही, न वो ख़म है जुल्फ़े अयाज़[8] में

जो मैंसर ब सजदा हुआ कभी तो ज़मीं से आने लगी सदा
तिरा दिल तो है सनम आशना[9] तुझे क्या मिलेगा नमाज़ में

---

1. ख़ुदा 2. प्रगट रूप में 3. माथा (अनुनय) 4. प्रिय 5. शरण 6. बन्दों को क्षमा करने वाला स्वभाव 7. गजनी का बादशाह महमूद ग़ज़नवी 8. बादशाह महमूद गजनवी का वफ़ादार गुलाम 9. बुतों का प्रिय

## (42)

अन्दाज़े-बयाँ गरचे बहुत शोख़ नहीं है
शायद कि उतर जाए तिरे दिल में मिरी बात

या वुसअते-अफ़लाक[1] में तकबीर मुसलसल[2]
या ख़ाक के आग़ोश में तस्बीह-ओ मुनाजात[3]

वो मज़हब-ए-मर्दाने-ख़ुद आगाह-ओ-ख़ुदामस्त
यह मज़हब-ए-मुल्ला-ओ-जमादात-ओ-नबातात

---

1. आकाश का फैलाव 2. निरन्तर 3. भक्तिन-भजन

## (43)

सुनो ऐ बस्तगान-ए-ज़ुल्फ़-ए-गेती[1]
सदा क्या आ रही है आसमाँ से

कि आज़ादी का इक लम्हा है बेहतर
ग़ुलामी की हयात-ए-जाविदाँ[2] से

---

1. धरती की जटाओं से बंधे हुए 2. अमर जीवन।

## (44)

सुनते हैं तूफ़ान में डूबा हुआ था इक दरख़्त[1]
जिसकी चोट पर डरे बैठे थे दो आशुफ़ता बख़्त[2]

एक उन में साँप था और सहमा नीजवाँ
दो ज़िदों[3] का एक भीगी शाख पर था आशियाँ[4]

इश्क़ में जिससे बदल जाते हैं आईन-ए-इनाद[5]
सच है दर्द-ए-मुश्तरक[6] में है वो रूह'ए-इत्तेहाद[7]

लेकिन ऐ आक़िल[8] मुसलमानों, मुदब्बिर[9] हिन्दुओं
हिन्द के सैलाब[10] में इक शाख़ पर तुम भी तो हो

---

1. पेड़ 2. बदक़िसमत, अभागे 3. प्रतिद्वन्द्वी 4. घोंसला 5. साझी मुसीबत 6. मेल जोल की आत्मा 7. दुश्मनी का विधान 8. समझदार 9. सूझ-बूझ वाले 10. बाढ़।

## (45)

सोज़-ए-ग़म दे के मुझे उसने ये इरशाद[1] किया
जा तुझे कशमकश-ए-दहर[2] से आज़ाद किया

दिल की चोटों ने कभी चैन से रहने न दिया
जब चली सर्द[3] हवा मैंने तुझे याद किया

इसका रोना नहीं क्यों तुमने किया दिल बरबाद
इसका ग़म है कि बहुत देर से बरबाद किया

इतना मानूस[4] हूँ फ़ितरत[5] से कली जब चटकी
झुक के मैंने ये कहा मुझसे कुछ इरशाद किया

मुझको तो होश नहीं तुमको ख़बर हो शायद
लोग कहते हैं कि तुमने मुझे बरबाद किया

---

1. कहना 2. दुनिया के झगड़ों से 3. ठण्डी 4. जानकार, इशारा समझना 5. प्रकृति।

## (46)

हँसा मैं और दुनिया की खुशी का चढ़ गया पारा
मुआन[1] दुनिया ने मेरे क़हक़हे पर क़हक़हा मारा

मगर खींची जब आह-ए-सर्द[2] कल्ब-ए-नाशकेबा[3] ने
तो ग़म ख़्वारी[4] कुजा[5] मुड़कर न देखा मुझको दुनिया ने

कहा मैंने कि ऐ वो ज़ुल्फ़ जो पुरख़म[6] नहीं होती
शरीर-ए-ऐश[7] होती है शरीक-ए-ग़म नहीं होती

ये सुनना था कि दुनिया ने कहा नीची निगाहों से
कि मुझे कमबख़्त[8] को फुर्सत नहीं ख़ुद अपनी आहों से

---

1. फ़ौरन 2. ठण्डी आह 3. बेसब्र 4. सहानुभूति 5. कहाँ 10 6. बल नहीं खाती 7. सुख की साथी 8. बदनसीब।

## (47)

गुन्चे[1] तेरी ज़िन्दगी पे दिल हिलता है
सिर्फ़ एक तबस्सुम[2] के लिए खिलता है

गुन्चे ने कहा कि इस चमन में बाबा
ये एक तबस्सुम भी किसे मिलता है

कल रात गए ऐन तरब[3] के हंगाम
परतौ[4] ये पड़ा पुश्त[5] से किसका सर-ए-जाम

"ये कौन है?" "जिब्रील[6] हूँ" "क्यों आए हो"?
"सरकार, फ़लक के लिए कोई पैगाम"

---

1. कली 2. मुस्कराहट 3. खुशी, ऐश, मस्ती 4. छाया 5. पीछे से 6. मशहूर फ़रिश्ता, ख़ुदा का संदेशा लाने वाला।

## (48)

बरसात है दिल को डस रहा है पानी
फुर्क़त[1] में तेरी झुलस रहा है पानी

दिल में कभी चुभता है कलेजे में कभी
आड़ा तिरछा बरस रहा है पानी

टपकाती हुई घटा जब आँसू आई
फुर्क़त का जगाती हुई जादू आई

हल्का हल्का धुआं कलेजे से उठा
सोंधी सोंधी ज़मीं से खुशबू[2] आई

---

1. वियोग 2. सुगंध।

## (49)

नागन बनकर मुझे न डसना बादल
बाराँ[1] की कसौटी पे न कसना बादल

वो पहले पहल जुदा हुए है मुझसे
इस देस में अब के न बरसना बादल

निकली लब-ए-गुल[2] से आह ख़ुशबू बनकर
सर में आई रमीदा[3] आहू[4] बनकर

सर से गई दिल में उनकी तस्वीर लिए
तस्वीर टपकने लगी आँसू बनकर

---

1. बारिश 2. फूल के होंठों से 3. भागती हुई 4. मृग।

## (50)

चौंका है कोई निगार[1], इलाही तौबा
रस में डूबा हुआ ख़ुमार[2], इलाही तौबा

सकते[3] में हैं भैरवीं की तानें गोया
होंठों का ख़रीफ[4] उभार, इलाही[5] तौबा

जाने वाले क़मर[6] को रोके कोई
शब के पैक[7]-ए-सफ़र को रोके कोई

थक कर मेरे ज़ानू[8] पे वो सोया है अभी
रोके, रोके, सहर[9] को रोके कोई

---

1. प्रिय महबूब 2. टूटता हुआ नशा, मस्ती 3. अचम्भे में 4. हल्का 5. भगवान् 6. चाँद, 7. यात्रा के साथी 8. जांघ 9. प्रभात, सुबह।

## (51)

फ़िक्रों[1] की यह ताज़गी, ये लहजे की खनक
क़ुबाँ तेरे ऐ निगार-ए-शीरी गुफ़तार[2]

अल्लाह रे खनकती हुई आवाज़ तेरी
चीनी पे हो जैसे अशरफ़ी की झनकार

1. वाक्य 2. मीठी बातें करने वाली।

## (52)

साकी, ग़म-ए-कम-ओ बेश[1] में मरता क्यों है
मैं रिन्द-ए-बलानोश[2] हूँ डरता क्यों है

तू कौन-ओ-मकाँ[3] को रख दे शाने पे मेरे
और मैं कहूँ रख, मज़ाक़ करता क्यों हैं

क्या फ़ायदा शेख़[4] तुझसे कीने में मुझे
खुशकी में तुझे लुत्फ़[5] सफ़ीने में मुझे

अय्याश[7] तो दोनों हैं मगर फ़र्क़[8] ये है
खाने में तुझे मज़ा है पीने में मुझे

आई है घटा मस्त बनाएगी हमें
अफ़लाक[9] पै झूले से झुलाएगी हमें

साक़ी न रुके हाथ कि दम भर में ये रूत
ढूँढ़ेगी बहुत मगर न पाएगी हमें

---

1. कम या अधिक 2. बहुत अधिक शराब पीने वाला 3. सृष्टि, दोनों दुनिया 4. कन्धे 5. कश्ती 6. मज़ा 7. मज़े के लोभी 8. अन्तर 9. आकाश।

## (53)

कल रात गए मस्त थी जब मौज[1]-ए-नसीम
शबनम में नहा रही थी फूलों की[2] शमीम

एक हूर ने साग़र[3] से निकलकर ये कहा
मैं रूह-ए-मय-होश-रूबा[4] हूँ 'तस्लीम'[5]

जी हाँ, मस्जिद यहीं है आगे बढ़कर
हाजी बख़्शुल्ला की दुकाँ के ऊपर

'लेकिन, लेकिन,' 'जनाब लेकिन कैसी'?
'मैं पूछ रहा था कि है मयख़ाना किधर'?

---

1. प्रभात वन, वायु लहरी 2. सुगन्धित हवा 3. प्याला 4. होश उड़ाने वाली शराब की आत्मा, 5. सलाम।

## (54)

झुकता हूँ कभी रेग[1]-ए-रवाँ की जानिब
उड़ता हूँ कभी काहकशाँ[2] की जानिब

मुझमें दो दिल हैं एक तो माईल-ब-ज़मीं[3]
और एक का रुख़[4] है आसमाँ की जानिब

आएगा न जाने कब ज़माना अपना
आगे कई सदियों है तराना अपना

कुदरत से मिला है मुझे सद हैफ़[5] ये हुक्म
बहरों को सुनाएजा फ़साना अपना

अब ख़्वाहिश-ए-लज़्ज़ात[6] नहीं हो सकती
अब दिन के सिवा रात नहीं हो सकती

दर किस लिए खटखटा रही है दुनिया
कह दो मुलाक़ात नहीं हो सकती

---

1. चलते हुए रेत की ओर 2. आकाश गंगा 3. धरती की तरफ झुकता हुआ 4. तरफ़ 5. अफसोस 6. मज़े की इच्छा।

## (55)

मर्ज़ी हो तो सूली पे चढ़ाना या रब!
सौ बार जहन्नुम में जलाना या रब!

माशूक़[1] कहें आप हमारे हैं बुज़ुर्ग
नाचीज़[2] को ये दिन न दिखाना या रब!

क्या शेख़ की ख़ुश्क ज़िन्दगानी गुज़री
बेचारे की इक शब न सुहानी गुज़री

दोज़ख़ के तख़्युल[3] में बुढ़ापा बीता
जन्नत की दुआओं में जवानी गुज़री

---

1. महबूबा 2. मुझे 3. कल्पना।

## (56)

सावन्त हूँ कब किसी से डरता हूँ मैं
दोज़ख़ से न ज़िन्दगी से डरता हूँ मैं

इस तन्तना-ए-बहादुरी[1] के बा-वस्फ़[2]
दुनिया! तेरे आदमी से डरता हूँ मैं

---

1. वीरता का घमण्ड 2. इस पर भी।

## (57)

ऐ उम्र[1]-ए-रवाँ की रात आहिस्ता गुज़र
ऐ नाज़िर-ए-काएनात[2] आहिस्ता गुज़र

इक शै[3] पे भी जमने नहीं पाती है निगाह
ऐ काफ़िला-ए-हयात[4] आहिस्ता गुज़र

कलियाँ चौंकी हैं मुसकराओ तुम भी
शाख़ों में लचक है रसमसाओ तुम भी

हाँ बाँध रही है रात जूड़ा अपना
माथे से ख़ुनक[5] लटें हटाओ तुम भी

1. गुज़रती हुई उम्र 2. सृष्टि को देखने वाली 3. चीज़ 4. जीवन का क़िफ़िला 5. ठण्डी।

## (58)

ऐ फूल, सबा[1] हमेशा महकाए तुझे
ऐ चाँद कभी घटा न सँवलाए तुझे

इस नींद भरे लोच से लिल्लाह[2] न चल
डरता हूँ कहीं नज़र न लग जाए तुझे

जलते दिल को टटोल धीरे-धीरे
अग्नि मन्दिर को खोल धीरे-धीरे

बिरहा में बरस रही है पापी बरखा
कलमुँही कोयलिया बोल धीरे-धीरे

---

1. सुबह की हवा 2. ख़ुदा के लिए।

## (59)

यह सिलसिला-ए-ला-मुतनाही[1] है कि ज़ुल्फ़
गहवारा-ए-बाद-ए-सुबहगाही[2] है कि ज़ुल्फ़

ऐ जान-ए-शबाब,[3] दोश-ए-सीमीं[4] पे तेरे
धुनकी हुई रात की स्याही है कि ज़ुल्फ़

---

1. कभी न ख़त्म होने वाला सिलसिला, अनन्त 2. प्रभात समय 3. जवानी की जान 4. चाँदी जैसे कन्धों पर अर्थात् गोरे कन्धों पर।

## (60)

है वाकई मुन्तक़िम[1] तो खोटा है ख़ुदा
सोना जिसमें नहीं वो गोटा हैं खुदा

'शब्बीर हसन ख़ाँ' नहीं लेते बदला
'शब्बीर हसन ख़ाँ से भी छोटा है ख़ुदा

घटा भी छाई है फ़स्ल-ए-बहार[2] है साक़ी
अब इसके बाद तुझे इख़्तियार[3] है साक़ी

रखी है कल के लिए मयकशों ने भर के शराब
इसी का नाम ग़म-ए-रोज़गार[4] है साक़ी

---

1. बदला लेने वाला 2. बहार का मौसम 3. अधिकार 4. ज़माने का ग़म, रोज़ी की चिन्ता।

## (61)

काकुल[1] खुलकर बिखर रही है गोया[2]
नर्मी से नदी गुज़र रही है गोया

आँखें तेरी झुक रही हैं मुझसे मिलकर
दीवार से धूप उतर रही है गोया

---

1. बाल 2. मानो।

## (62)

यह भी है तमद्दुन[1] की निराली इक शान
सुल्तान[2] गदा[3] बने, गदा हो सुल्तान

हाँ बैंक के इस आहनी[4] फाटक को तो देख
चाँदी मसनद[5] नशीं है लोहा दरबान

---

1. सभ्यता 2. सम्राट् 3. फ़क़ीर 4. लोहे के 5. तख़्त पर बिराजमान।

## (63)

फिर दर्द भरे गीत ख़ामोशी ने सुनाए
फैले फिर रात के दर-ओ-बाम[1] पे साए

बीते लम्हे वो तीर जोड़े उभरे
भूले चहरे वो डंक उठाए हुए आए

---

1. द्वार और छत।

## (64)

ये राज़[1] था क्या कल्ब-ए-तपाँ[2] क्या मालूम
ये सहर[3] था या वहम-ओ-गुमाँ[4] क्या मालूम

महताब[5] से इक निगाह आई सू-ए-दिल[6]
और डस के चली गई कहाँ क्या मालूम

1. भेद 2. जलता हुआ दिल 3. जादू 4. कल्पना 5. चन्द्रमा 6. दिल की तरफ़।

## (65)

नाज़ुक हैं बहुत पिछले पहर के हंगाम[1]
अच्छा नहीं तख़्ता-हाए[2] गुल पे ये ख़िराम[3]

इस दिल को नसीम-ए-सुबह गाही[4] न टटोल
जिसके खंडरों में सो रहे हैं गुलफ़ाम[5]

1. समय 2. क्यारि 3. चलना 4. सुबह की हवा 5. फूल जैसे। चेहरे।

## (66)

बचपन की ऐ उदास अँगीठी ख़ुदा गवाह
क्या कहिये तुझ पे आज पड़ी किस तरह निगाह

तू और ख़ाक़-ए-सर्द पे यूं मिस्ल[1]-ए- सोगवार
अफसोस ऐ ज़माना-ए-तिफ़ली[2] की यादगार

मेरी ही तरह क्या तेरा पहलू भी सर्द है
क्या तेरे आईने पे भी माज़ी[3] की गर्द है

अफ़सोस वो निशात[4] के मौसम वो ज़मज़मे[5]
जाड़ों की दिल फ़रेब[6] वो रातें वो चहचहे

शोलों से तेरे हाय वो उठता हुआ धुआँ
वो क़हक़हों की गूंज वो शीरीं[7] पहेलियाँ

हल्की रज़ाइयों की वो अफ़साना बारियाँ
अतलस की सुर्ख़ गोट पे वो सुर्ख़ धारियाँ

वो एक बादशाह की बेटी का ज़िक्र-ए-ख़ैर[8]
वो वलवते[9] जुनूं के वो परियों का शौक़-ए-सैर[10]

जिन को भुला रही हैं हमारी जवानियाँ
अब उनमें तुझको याद हैं कितनी कहानियाँ

---

1. सहानुभूति दिखाने वालों की तरह 2. बचपन, 3. अतीत 4. सुख 5. संगीत 6. मन-मोहक 7. मीठी, कहानियों की झड़ी 8. कुशलता की चर्चा 9. जोश, मस्ती 10. सैर का शौक़।

## (67)

दिगरगूँ[1] है जहाँ, तारों की गर्दिश तेज़ है साक़ी!
दिले-हर ज़र्रा में ग़ोग़ा[2]-ए-रस्ता-ख़ेज़ है साक़ी

मताए-दीनो-दानिश[2] लुट गई अल्लाह वालों की
यह किस काफ़िर अदा का ग़मज़ा-ए-खूरेज़[3] है साक़ी

न उट्ठा फिर कोई रुमी[4] अजम[5] के लाला ज़ारों में
वही आबो-गुले-ईराँ, वही तबरेज़ है साक़ी

फ़कीरे-राह को बख़्शे गए असरारे-सुलतानी[6]
यही मेरी नवा की दौलते-परवेज़ है साक़ी

नहीं है ना उमीद 'इक़बाल' अपनी किश्ते-वीरा[7] से
ज़रा नम हो तो यह मिट्टी बहुत ज़रखेज़ है साक़ी!

---

1. गड़बड़ 2. उतार-चढ़ाव का शोर 3. धर्म व बुद्धि की दौलत 4. फारसी का प्रसिद्ध शायर
5. ईरान 6. वीरानी की मिटी 7. सामन्तों के रहस्य

## (68)

ज़हनी मुरदों[1] से दिल लगाऊँ क्योंकर
चलती लाशों के पास जाऊँ क्योंकर

मुजरिम[2] हो तो लाख बार कर लूँ बरदाश्त[3]
अहमक़[4] का मगर बार[5] उठाऊँ क्योंकर

---

1. मानसिक रूप से मृत 2. दोषी, अपराधी 3. सहन 4. मूर्ख 5. बोझ।

## (69)

जो दिल की है वो बात नहीं होती है
जो दिन न हो वो रात नहीं होती है

हस्ती[1] है वो तुफान कि अक्सर[2] ऐ 'जोश'
अपने से मुलाक़ात नहीं होती है

1. जीवन 2. कभी-कभी।

## (70)

तुझे याद क्या नहीं है मिरे दिल का वोह ज़माना
वो अदब गहे-मोहब्बत! वो निगिह का ताज़ियाना[1]

यह बुताने-अस्त्रे-हाज़िर[2] कि बने हैं मदर से में
न अदाए काफ़िराना न तराशे-आज़राना[3]

नहीं इस खुली फिज़ा में कोई गोशा-ए-फराग़त
यह जहां अजब[4] जहाँ है! न क़फ़स न आशियाना

रगे-ताक मुन्तज़िर है तिरी बारिशे-करम की
कि अजम' के मयक़दों में न रही मये-मुग़ाना[5]

तिरी बन्दा परवरी से मिरे दिन गुज़र रहे हैं
न गिला है दोस्तों का न शिकायते-ज़माना

---

1. कोड़ा, हण्टर 2. आज के बुत 3. आज (प्रसिद्ध मूर्तिकार) की तराश 4. ईरान 5. शराब

## (71)

जैसे पैमाँ[1] निबाहता है कोई
ख़ुद पर रोऊँ ये चाहता है कोई

जब शाम को मैदाँ में सनकती[2] है हवा
मेरे दिल में कराहता है कोई

---

1. प्रतीक्षा 2. बहती।

## (72)

वही मेरी कम नसीबी, वही तेरी बे नियाज़ी
मिरे काम कुछ न आया यह कमाले-बे नवाज़ी

मैं कहां हूं तू कहां है यह मकां कि ला-मकां है
यह जहां मिरा जहां है कि तेरी करिश्मा-साज़ी

वो फरेब खुर्दा-शाही कि पता हो करगसों[1] में
उसे क्या ख़बर कि क्या है रहो-रस्मे शाहबाज़ी

नहीं फुक़्रो-सलतनत[2] में कोई इम्तियाज़ ऐसा
यह सिपिह[3] की तेज़बाज़ी[4] वह निगिह की तेज़बाज़ी

कोई कारवाँ से टूटा, कोई बद गुमां हरम से
कि अमीरे-कारवां में नहीं ख़ूए-दिलनवाज़ी[5]

1. गिद्द 2. फ़क़ीरी और बादशाहत 3. सेना 4. तलवार बाज़ी 5. दिल लुभाने की आदत।

## (73)

अपनी जौलाँगाह[1] ज़ेरे-आस्मां समझा था मैं
आबो-गिल के खेल को अपना जहां समझा था मैं

बे हिजाबी से तिरी टूटा निगाहों का तिलिस्म[2]
इक रिदाए-नीलगूँ[3] को आस्मां समझा था मैं

इश्क़ की इक जस्त[4] ने तै कर दिया किस्सा तमाम
इस ज़मीन-आस्मां को बेकराँ[5] समझा था मैं

कह गई राज़े-मोहब्बत पर्दा-दारे-हाय शोख़!
थी फुगां[6] वो भी जिसे ज़ब्ले-फुगां समझा था मैं

थी किसी दरमाँदा[7] रहरो[8] की सदाए-दर्द नाक
जिसको आवाजे-रहीले-कारवां समझा था मैं

---

1. ठिकाना 2. जादू 3. नीली चादर 4. चोट 5. असीम 6. फरियाद 7. भटका हुआ 8. मुसाफ़िर

## (74)

इक दानिशे-नूरानी[1] इक दानिशे बुरहानी[2]
है दानिशे-बुरहानी हैरत की फ़रावानी[3]

इस पैकरे-खाक़ी[4] में इक शय है सो वो तेरी
मेरे लिए मुशकिल है इस शय की निगहबानी[5]

अब क्या जो फुगाँ[6] मेरी पहुंची है सितारों तक
तूने ही सिखाई थी मुझको यह ग़ज़ल ख़्वानी[7]

तक़दीर शिकन[7] कुव्वत बाक़ी है अभी इस में
नादां जिसे कहते हैं तक़दीर का ज़िन्दानी[8]

तेरे भी सनम ख़ाने, मेरे भी सनम खाने
दोनों के सनम खाक़ी[9], दोनों के सनम फ़ानी[10]

---

1. ज्ञान ज्योति 2. पूर्ण 3. बढ़ोतरी 4. आदमी 5. निगरानी 6. फ़रियाद 7. ग़ज़ल गाना 8. कैदी 9. मिटी के बने हुए 10. मिटने वाले

## (75)

हाँ, मश़ग़ला-ए-जाम-ओ-सुबू[1] जारी है
अब तक वही रस्म-ए-हा-ओ-हू जारी है

ख़ाई है कुछ इन्सान से टक्कर ऐसी
हर दीन[2] के माथे से लहू जारी है

---

1. शराब का प्याला पीने का कार्य 2. धर्म।

## (76)

या रब यह जहाने-गुज़राँ खूब है लेकिन
क्यों ख़्वार हैं मर्दाने[1]-सफ़ाकेशो-हुनर मन्द

गो उसकी ख़ुदाई में महाजन का भी है हाथ
दुनिया तो समझती है फ़िरंगी[2] को ख़ुदा वन्द!

फ़िर्दोस[3] जो तेरा है किसी ने नहीं देखा
अफ़रंग[4] का हर क़रिया[5] है फ़िर्दोस के मानन्द

अपने भी खफ़ा मुझ से हैं बेगाने भी नाखुश
मैं ज़हरे-हलाहल[6] को कभी कह न सका क़न्द[7]

चुप रह न सका हज़रते-यज़दां[8] में भी 'इक़बाल'
करता कोई इस बन्दाए-गुस्ताख़ का मुँह बन्द!

---

1. कलाकार 2. अंग्रेज़ 3. स्वर्ग 4. अंग्रेज़ 5. टुकड़ा 6. तुरन्त प्रभाव करने वाला विष 7. मीठा 8. ख़ुदा के सामने

## (77)

जलवों की बारगाह[1] मेरे दिल में
ग़ल्तीदा[2] हैं महर[3]-ओ-माह मेरे दिल में

इस दौर-ए-ख़िरद[4] में इश्क़ गुम हो जाता
मिलती न अगर पनाह मेरे दिल में

1. दरबार 2. सूरज और चाँद 3. खोए हुए 4. अक्ल, होशियारी।

## (78)

समा सकता नहीं पिन्हाए-फ़ितरत में मिरा सौदा[1]
ग़लत था ऐ जुनूँ शायद तिरा अन्दाज़ाए-सहरा

ख़ुदी से इस तिलिस्मे-रंगो-बू[2] को तोड़ सकते हैं
यही तौहीद[4] थी जिसको न तू समझा न मैं समझा

निगह पैदा कर ऐ गाफ़िल तजल्ली एन फ़ितरत[5] है
कि अपनी मौज से बैगाना रह सकता नहीं दरिया

न कर तक़लीद[6] ऐ जिबरील मेरे जज़बो-मस्ती की
तन आसां अर्शियों को जिक्रो-तस्बीह-ओ-तवाफ़ ऊला!

---

1. पागलपन, असीम लगन 2. जादू 3. ज्योति 4. स्वभाव 5. अनुकरण 6. खुदा का सन्देश लाने वाला फ़रिश्ता

## (79)

बहुत देखे हैं मैंने मश्रिक़ो-मग़रिब के मय खाने
यहां साक़ी नहीं पैदा, वहाँ बे ज़ौक़[1] है सहबा[2]

हुज़ूरे-हक़[3] में इस्राफ़ील[4] ने मेरी शिकायत की
यह बन्दा वक़्त से पहले क़यामत कर न दे बर्पा

दबा रक्खा है इसको ज़ख़्मादर[5] की तेज़ दस्ती ने
बहुत नीचे सुरों में है अभी योरूप का वावेला

इसी दरिया से उठती है वो मौजे-तुन्द जौलाँ[6] भी
निहंगों के नशेमन जिससे होते हैं तहो-बाला[7]

---

1. बद मजा 2. शराब 3. खुदा के सामने वह फरियाद जिसे सूर फूकने से क़यामत होगी 6. तेज़ प्रकार की लहर 7. ऊपर-नीचे

## (80)

भेजी हैं किसी ने बहर-ए-दरमाँ[1]
बेले की चमन फ़िरोज़[2] कलियाँ

डूबी हुई इत्र-ए-कमसिनी में
दौने की महीन कोरी सींकें

कलियों से मगर अयाँ है ज़र्दी
ये रूह-ए-ग़म उनमें किसने भर दी

गोया हैं ज़बान-ए-हाल[4] से यूँ
ऐ शायर-ए-ख़ुशनसीब-ओ-महज़ूँ[5]

भेजा है छुपाके हमको जिसने
जाने उसे ग़म दिये हैं किसने

---

1. इलाज के लिए 2. चमन की शोभा बढ़ाने वाली 3. ज़ाहिर 4. बोलने वाली अपनी हालत से 5. उदास।

## (81)

वही है साहिबे-इमरोज़[1] जिसने अपनी हिम्मत से
ज़माने के समन्दर से निकाला गोहरे-फ़र्दा[2]

फ़िरंगी[3] शीशा गर के फ़न से पत्थर हो गए पानी
मिरी अकसीर ने शीशे को बख़्शी सख़्तीए-ख़ारा[4]

रहे हैं और भी फ़िरऔन मेरी घात में अब तक
मगर क्या ग़म कि मेरी आस्ती में है यदे-बैज़ा[5]!

वो चिंगारी ख़सो-ख़ाशाक[6] से किस तरह दब जाए
जिसे हक़ ने किया हो नैस्ताँ[7] के वास्ते पैदा

मौहब्बत खुवेश्तन[8] बीनी मौहब्बत ख्वेश्तनदारी
मोहब्बत आस्ताने-क़ैसरो-कसरा[9] से बे परवा!

---

1. आज 2. कल का मोती 3. अंग्रेज़ 4. कांटे जैसी कठोरता 5. मूसा की वह लकड़ी जिससे उन्होंने फ़िरऔन बादशाह को मारा था 6. घासफूस 7. न मिटने के लिए 8. बादशाह

## (82)

आलमे आबो-ख़ाक-ओ-बाद[1] सिर्रे अयां[2] है तू कि मैं?
वो जो नज़र में है निहां, उसका जहां है तू कि मैं?

वो शबे-दर्दो-सोज़े-ग़म[3] कहते है ज़िन्दगी जिसे
उसकी सहर है तू कि मैं उसकी अज़ां है तू कि मैं?

किसकी नमूद[4] के लिए शामो-सहर हैं गर्म सैर
शाना-ए-रोज़गार पर बारे-गराँ[5] है तू कि मैं?

तू कफ़े-ख़ाको[6]-बे बसर मैं कफ़े-ख़ाको-ख़ुद निगर[7]
किश्तो-वजूद के लिए आबे-रवाँ[8] है तू कि मैं?

---

1. दुनिया 2. प्रकट होना 3. रात का दर्द 4. प्रगट 5. भारी बोझ 6. मुट्ठी भर धूल 7. अपनी देखभाल स्वयं करने वाला 8. बहता हुआ पानी

## (83)

फिर चिरागे-लाला[1] से रोशन हुए कोहो-दमन[2]
मुझको फिर नग़मों पे उकसाने लगा मुर्ग़े-चमन[3]

फूल हैं सहरा में या परियाँ क़तार अन्दर क़तार
ऊदे-ऊदे, नीले-नीले, पीले-पीले पैरहन[4]

बर्गे-गुल[5] पर रख गई शबनम का मोती बादे-सुबह[6]
और चमकाती है उस मोती को सूरज की किरन

हुस्ने बे-परवा को अपनी बे-नक़ाबी[7] के लिए
हों अगर शहरों से बन प्यारे, तो शहर अच्छे कि बन

---

1. फूलों का दिया 2. पहाड़ वादियां 3. बाग, परिन्दा 4. कपड़े 5. फूल की पत्ती 6. सुबह की हवा 7. बे-पर्दगी

## (84)

इश्त[1] है तारीक[2] और रह रह के कौंदे[3] की लपक
छ रही है यूँ उफ़क़[4] की ज़ुल्मत-ए-खामोश को[5]

जैसे उस मायूस की आँखों का आलम जो गरीब
हाल कहना चाहता हो और कह सकता न हो

---

1. जंगल 2. अंधेरा 3. बिजली 4. क्षितिज 5. अंधेरे, सन्नाटे।

## (85)

दिल सोज़[1] से ख़ाली है, निगिह पाक नहीं है
फिर इसमें अजब क्या कि तू बे बाक नहीं है

है ज़ौक़े-तजल्ली[2] भी इसी ख़ाक में पिन्हाँ[3]
ग़ाफ़िल तू निरा साहबे-इदराक नहीं है

वो आंख कि है सुर्मा-ए-अफ़रंग[4] से रोशन
पुरकार-ओ-सुख़न साज़[5] है नमनाक नहीं हैं

क्या सूफी-ओ-मुल्ला को ख़बर मेरे जुनूं की
उनका सरे दामन भी अभी चाक नहीं हैं

कब तक रहे महकूमीए-अन्जुम[6] में मिरी ख़ाक
या मैं नहीं या गर्दिशे-अफ़लाक[7] नहीं है।

---

1. जलन 2. दर्शन की प्रवृति 3. छिपा हुआ 4. अंग्रेजी दृष्टिकोण 5. बात बनाने वाली 6. सितारों की गुलामी 7. आसमान की गर्दिश

## (86)

पूछ उससे कि मक़बूल[1] है फिरत की गवाही
तू साहिबे-मंज़िल है कि भटका हुआ राही

काफ़िर है मुसलमाँ तो न शाही न फ़क़ीरी
मोमिन[2] है तो करता है फ़क़ीरी में भी शाही

काफ़िर है तो शमशीर[3] पे करता है भरोसा
मोमिन है तो बेतेग़[4] भी लड़ता है सिपाही

मैंने तो किया पर्दा-ए-असरार[5] को भी चाक[6]
देरीना[7] है तेरा मरज़े-कोर निगाही[8]

---

1. प्रसिद्ध 2. मुसलमान 3. तलवार 4. तलवार 5. रहस्य का पर्दा 6. खोलना 7. पुराना 8. टेढ़ी निगाह

## (87)

क़सम ऐ मौत उनकी, रंग जो तेरा उड़ाते हैं
तेरी आँखों में आँखें डालकर जो मुस्कराते हैं

क़सम उस प्यार की कौसर[1] की रो पर जिसका कब्जा था
कसम उस अब्र की जो करबला[2] में घिर के बरसा था

क़सम उन कुव्वतों की जो मिली थी राम ओ-लक्ष्मन को
कसम उस आग की जो खा गई थी मुल्क-ए-रावन को

क़सम उस नूर[3] की रौशन थे जादे[4] जिससे सहरा[5] के
चमकता था जो टीके की तरह माथे पे सीता के

क़सम उस तीर की चलता था जो चुटकी से अर्जन की
कसम मैदान में गाती हुई तलवार की धुन की

कसम उस 'जोश की जो डूबती[6] नब्ज़े उभारेगा
कि ऐ हिन्दोस्ताँ जिस वक्त तू मुझको पुकारेगा

मेरी तेग़[7]-ए-रवाँ बातिल[8] के सर पर जगमगायगी
तेरे होंठो की ज़ुबिश[9] ख़त्म भी होने न पायगी

---

1. स्वर्ग की एक नहर 2. इमाम हुसैन जहाँ शहीद किए गए 3. उजाला 4. रास्ते 5. मैदान, जंगल 6. नाड़ी 7. चलती तलवार, 8. झूठ, बदी, 9. हिलना।

## (88)

यह हूरयाने-फ़िरंगी[1], दिलो-नज़र का हिजाब[2]
बाहिश्ते-मग़िरबयाँ[3] जलवा-हाए-पा[4] ब रकाब
दिलो-नज़र का सफ़ीना[5] संभाल कर ले जा
महो-सितारा हैं बहरे-वजूद[6] में गर्दाब[7]
जहाने-सौतो-सदा[8] में समा नहीं सकती
लतीफ़ा-ए-अज़ली[9] है फ़ुग़ाने-चंग-ओ-रुबाब[10]

वो सजदा रुहे-ज़मीं जिस से कांप जाती है
उसीको आज तरस्ते हैं मिम्बरो-महराब[11]

सुनी न मिस्रो-फिलस्ती में वो अज़ाँ मैंने
दिया था जिसने पहाड़ों को राशा-ए-सीमाब[12]

---

1. अंग्रेज़ी अप्सराएं 2. पर्दा, लाज 3. पश्चिमी स्वर्ग 4. तैयार 5. कशती 6. अस्तित्व के हेतु 7. धूल 8. आवाज 9. आरंभ का चुटकला 10. चंगोरुबाब (एक साज) की फरियाद 11. मस्जिद का वह स्थान जहाँ इमाम खड़ा होता है 12. कंपकंपाना

## (89)

क्या हिन्द का ज़िन्दां[1] काँप रहा है, गूंज रही हैं तक्बीरें[2]
उक्ताए हैं शायद कुछ क़ैदी और तोड़ रहे हैं ज़ंजीरें

दीवारों के नीचे आ आ कर यूं जमआ हुए हैं ज़िन्दानी[3]
सीनों में तलातुम[4] बिजली का आँखों में झलकती शमशीरें[5]

भूखों की नज़र में बिजली है तोपों के दहाने ठण्डे हैं
तक़दीर के लब को जंबिश है, दम तोड़ रही हैं तदबीरें[6]

आँखों में गदा[7] की सुर्ख़ी हैं बे-नूर[8] है चेहरा सुल्ताँ का
तख़्रीब[9] ने परचम[10] खोला है सजदे में पड़ी हैं तामीरें[11]

क्या उनको ख़बर थी सीनों से जो ख़ून चुराया करते थे
इस रोज़ इसी बे-रंगी से झलकेंगी हज़ारों तस्वीरें

क्या उनको ख़बर थी होंठों पर जो कुफ़्ल[12] लगाया करते थे
इक रोज़ इसी ख़ामोशी से टपकेंगी दहकती तक़रीरें[13]

संभलो कि वो ज़िन्दाँ गूंज उठा झपटो कि वो कैदी छूट गए
उठो कि वो बैठी दीवारें दौड़ो कि वो टूटी ज़ंजीरें

---

1. कैदखाना 2. नारे 3. क़ैदी 4. तूफ़ान, उथल-पुथल 5. तलवारें 6. उपाय 7. गरीब, फ़क़ीर 8. प्रकाशहीन। 9. तोड़-फोड़ 10. झंडा 11. निर्माण 12. ताले 13. भाषण।

## (90)

कमाले-तर्क[1] नहीं आबो-गिल[2] से महजूरी[3]
कमाले तर्क है तस्ख़ीरे-ख़ाकी-ओ-नूरी[4]

मैं ऐसे फ़ुक्र[5] से ऐ एहले-हलक़ा[6] बाज़ आया
तुम्हारा फ़ुक्र है बे दौलती-ओ-रन्जूरी[7]

न फ़ुक्र के लिए मोज़ूँ[8] न सलतनत[9] के लिए
वो कौम जिसने गँवाई मताए-तैमूरी[10]

वो मुल्तफ़ित[11] हों तो कुन्जे-क़फ़स भी आज़ादी
न हों तो सहने-चमन भी मक़ामे-मजबूरी

बुरा न मान ज़रा आज़मा के देख उसे
फ़िरंग-दिल की ख़राबी ख़िरद[13] की मामूरी[14]

---

1. छोड़ना 2. दुनिया 3. जुदाई 4. विजय 5. सतवाद 6. परिधि 7. उदासी 8. उचित 9. राज-पाठ 10. तेमूरी वैभव 11. कृपालु 12. अंग्रेज़ 13. अकल, बुद्धि 14. नियुक्त

## (91)

ख़िरद[1] मन्दों से क्या पूछूँ कि मेरी इब्तिदा[2] क्या है
कि मैं इस फिक्र में रहता हूं मेरी इन्तहा[3] क्या है

ख़ुदी को कर बुलन्द इतना कि हर तक़दीर[4] से पहले
ख़ुदा बन्दे से ख़ुद पूछे बता तेरी रिज़ा[5] क्या है

नज़र आई मुझे तक़दीर की गहराइयाँ इसमें
न पूछ ऐ हमनशीं[5] मुझसे वो चश्मे-सुर्मा[6]-सा क्या है

नवाए-सुबह[7] गाही ने जिगर ख़ूँ कर दिया मेरा
ख़ुदाया जिस ख़ता की यह सज़ा है वो ख़ता क्या है।

---

1. ज्ञानी 2. आरंभ 3. अंत 4. भाग्य 5. इच्छा 6. आंख का सुर्मा 7. सुबह की आवाजें

## (92)

ऐ बहादुर, ऐ शहीद-ए-खंजर-ए- अरबाब-ए-कीं[1]
जान जो इस शान से देता है मर सकता नहीं

पड़ रही है इस तरफ़ गरदन में फाँसी की गिरह
खुल रहा है उस तरफ़ आगोश-ए-फ़िरदोस-ए-बरी[2]

नौजवानो तोड़ डालो सब्हा-ओ-ज़ुन्नार को[3]
ता कुजा ये अहमक़ाना दार-ओ-गीर-ए-कुफ-ओ-दीं[4]

नौजवानो, इश्क़ को दरकार है मजनूं का दिल
ता-ब-कै[5] थे इश्वा-हाय-लैला-ए-महमिल नशीं[6]

नौजवानो, ख़ून ज़ीने के लिए थोड़ा सा ख़ून
ख़ून की प्यासी है मुद्दत से वतन की सरज़मीं

पूछे अब तुम से अगर कोई कि हैं जानें-अज़ीज़[7]
यक ज़बाँ होकर पुकार उठो 'नहीं, हरगिज़ नहीं'

---

1. कीने वाले, दुष्ट 2. जन्नत की गोद 3. तस्बीह और जनेव डोरा 4. धर्म और अधर्म की रोक-टोक 5. कब तक 6. परदे में बैठी हुई लैला की अदाएँ 7. जान प्यारी।

## (93)

न तख़्तो-ताज में, ने लश्करो-सिपाह[1] में है
जो बात मर्दे-कलन्दर[2] की बारगाह[3] में है

वही जहां है तिरा जिसको तू करे पैदा
यह संगो-ख़िश्त[4] नहीं जो तिरी निगाह में है

महो-सितारा[5] से आगे मुक़ाम है जिसका
वो मुश्ते-खाक़[6] भी आवारगाने-राह[7] में है

तलाश इसकी फ़िज़ाओं में कर नसीब अपना
जहाने-ताज़ा मिरी आहे-सुबह[8] गाह में है।

तू मयक़दे को गनीमत समझ कि बादा-ए-नाब[9]
न मदरसे में है बाक़ी, न खानक़ाह[10] में है

---

1. सेना 2. मस्त, संत 3. दरबार 4. पत्थर 5. चाँद तारे 6. आदमी 7. आवारा राहों में 8. सुबह की फ़रियाद 9. लाल शराब 10. भक्ति का स्थान

## (94)

ये हिन्द के समनबर[1] शीरीं कलाम[2] बच्चे
थे गुल-अज़ार[3] बच्चे, ये लाला फ़ाम बच्चे

बे वजह शादमानी[4] बश्शाश रहने वाले[5]
ये मौज-ए-सरख़ुशी[6] पर हँस हँस के बहने वाले

रह रह के ये फ़लक[7] की जानिब हुमकने वाले
ये शाख़-ए-उम्र-ए-नौ के ताज़ा चहकने वाले

फ़ितरत[8] ने दिल से चाहा उनका लतीफ़[9] होना
दी माह-ए-नौ[10] की चाँदी, पहली किरण का सोना

लेकिन वतन की हालत पैहम डरा रही है
दिल से ये रूह-फ़र्सा[11] आवाज़ आ रही है

इक़ दिन ज़लील-ओ-वहशी इनके भी नाम होंगे
अपनी ही तरह इक दिन ये भी गुलाम होंगे

---

1. चमेली जैसे 2. मीठे बोल वाले 3.फूलों जैसे गाल 4. बेवजह खुश 5. हँसी-खुशी 6. मस्ती की लहर 7. आकाश 8. प्रकृति 9. प्यारा होना 10. नए चाँद 11. आत्मा को डरा देने वाला।

## (95)

मयक़दे में एक दिन इक रिन्दे-ज़ेरिक[1] ने कहा
है हमारे शहर का वाली[2] गदाए-बे हया[3]

ताज पहनाया है किसकी बे कुलाही[4] ने इसे
किसकी उर्यानी' ने बख़्शी है इसे ज़र्री[5] क़बा

इसके आबे-लाला[6] गूँ की खूने-दहक़ाँ[7] से कशीद[8]
तेरे-मेरे खेत की मिट्टी है इसकी कीमिया[9]

इसके नेमत ख़ाने की हर चीज़ है मांगी हुई
देने वाला कौन है मर्दे-ग़रीबो-बे नवा[10]

मांगने वाला गदा है! सदक़ा[11] मांगे या खिराज
कोई माने या न माने मीरो-सुल्ताँ सब गदा

---

1. पीने वाले 2. निर्लज मांगने वाला 3. बिना ताज 4. नंगापन 5. सुनहरी ताज 6. खून 7. किसान 8. निकालना 9. सोना 10. गरीब, बे सदा 11. जानकी सलामती के लिए दिया जाने वाला दान

## (96)

दयारे-इश्क़[1] में अपना मक़ाम पैदा कर
नया ज़माना नये सुबह-ओ-शाम पैदा कर

खुदा अगर दिले-फ़िरत[2] शनास दे तुझको
सूकूते-लाला-ओ-गुल[3] से कलाम[4] पैदा कर!

उठा न शीशा[5] गराने-फ़िरगं के एहसाँ
सिफ़ाले-हिन्द[6] से मीना-ओ-जाम पैदा कर

मैं शाख़े-ताक हूँ मेरी ग़ज़ल है मेरा समर[7]
मिरे समर से मये-लालाफ़ाम[8] पैदा कर!

मिरा तरीक़ अमीरी नहीं, फ़क़ीरी है!
खुदी न बेच, ग़रीबी में नाम पैदा कर

---

1. इश्क़ के नगर 2. नेचर को पहचानने वाला 3. फूलों की खामोशी 4. बात-चीत 5. अंग्रेज़ 6. भारत की मिट्टी 7. एक शराब 8. नियम

## (97)

परे जमाए अदब[1] से खड़े हुए हैं सवार
सड़क पे रोब है जुम्बिश[2] में हैं दर-ओ-दीवार

चले तो कैसे चले नब्ज़-ए-[3] कूचा-ओ-बाज़ार
उबल रहा है तहक्कुम[4] बरस रहा है विक़ार[5]

ज़मीं पे चर्ख़[6] से तन्वीर-ए-माह[7] आती है
हटो बचो कि सवारी-ए-शाह आती है

"अरे ये मोड़ पर त्योरा के कौन शख़्स गिरा"
"हुज़ूर साठ बरस की मरीज़ इक बुढ़िया"

"इसे हटाओ यहाँ से ये है शगून बुरा"
"लबों पे जान हे चलता है साँस का डोरा"

"इसे हटाओ कि इसका असर बुरा होगा"
"जबीन[8] -ए-शाह पे बल पड़ गए तो क्या होगा"

बिगुल बजा वा सवारी-ए-शहरयार[9] आई
ख़िजाँ[10] की रात गई सुबह-ए-नौबहार[11] आई

ख़ुदा का शुक्र कि फिर बाद-ए-मुश्कबार[12] आई
'अदब के साथ' की आवाज़ बार बार आई

फ़लक ने जान लिया और ज़मीन मान गई
किसी की आई सवारी किसी की जान गई

---

1. अनुशासन 2. हलचल 3. नाड़ी 4. हुक्म 5. आन बान 6. आकाश 7. चांदनी 8. माथा 9. पतझड़ 10. बादशाह, सम्राट 11. नई बहार की रात 12. मुश्क लुटाती हवा।

## (98)

यह आफ़ताब[1] क्या यह सपरे[2] बरी है क्या
समझा नहीं तसलसुले-शामो-सहर[3] को में

अपने वतन में हूँ कि गरीबुद्दयार[4] हूँ
डरता हूँ देख-देख के इस दश्तो-दर[5] को मैं

खुलता नहीं मिरे सफ़रे-ज़िन्दगी का राज़
लाऊँ कहाँ से बन्दा-ए-साहिब नज़र को मैं

हैराँ है बूअली[6] कि मैं आया कहाँ से हूँ
रूमी[7] यह सोचता है कि जाऊँ किधर को मैं।

1. सूरज 2. ढाल की तरह 3. सुबह शाम का जाम 4. परदेस में 5. जंगल 6. रूस का एक प्रसिद्ध हकीम 7. ईरान का प्रसिद्ध शायर

## (99)

दिल जिन्दा-ओ-बेदार-अगर हो तो बतदरीज[1]
बन्दे को अता करते हैं चश्म-ए-निगरां[2] और

एहवालो-मक़ामात[3] पे मौक्फ़[4] है सब कुछ
हर लहज़ा[5] है सालिक[6] का ज़मां और मकां और

अल्फाज़ो-मआनी में तफावुत[7] नहीं लेकिन
मुल्ला की अज़ां और मुजाहिद[8] की अजां और

परवाज़[9] है दोनों की इसी एक फज़ा में
करगस[10] का जहां और है शाहीं[11] का जहां और

---

1. दर्जा-बदर्जा 2. देखने वाली आंख 3. हालात 4. निर्भर 5. क्षमा 6. यात्रा करने वाला 7. मेल 8. धर्म के लिए लड़ने वाला 9. उड़ान 10. गिद्द बाज़ 11. बाज़

## (100)

ऐ हिन्द के ज़लील ग़ुलामान[1]-ए-रू-सियाह[2]
शायर से तो मिलाओ ख़ुदा के लिए निगाह

इस ख़ौफ़नाक[3] रात की आख़िर सहर भी है
तोपें गरज रही हैं सरों पर ख़बर भी है

तुझ पर मेरे कलाम को होता नहीं असर
चौंका रहा हूँ कब से मैं शाने[4] झंझोड़कर

हालाँकि मेरा शेर[5] है वो हर्फ़-ए-तुंद-ओ-तेज़
तूफ़ाँ बदोश[6]-ओ-सायक़ा पैमा[7] व हश्र ख़ेज़[8]

तुझको यक़ीं[9] न आएगा ऐ दायमी[10] गुलाम
मैं जाके मक़बरों[11] में सुनाऊं अगर कलाम

ख़ुद मौत से हयात[12] के चश्मे[13] उबल पड़ें
क़ब्रों से सर को पीट के मुर्दे निकल पड़ें

तू चुप रहा जमीन हिली, आसमाँ हिला
तुझसे तो क्या ख़ुदा से करूँगा मैं ये गिलाह[14]

इन बुज़दिलों के हुसन[15] पे शेदा[16] किया है क्यों
ना मर्द कौम में मुझे पैदा किया है क्यों

---

1. बन्दी गुलाम 2. दुर्भाग्य वाले 3.. भयानक 4. कन्धे 5. कविता 6. तूफ़ानी 7. बिजली जैसा 8. प्रलय उठाती 9. भरोसा 10. हमेशा के 11. क़ब्रस्तान 12. जीवन। 13. नदी-नाले 14. शिकायत 15. सुन्दरता 16. मोहित।

## (101)

वही बुतफ़रोशी[1] वही बुतगरी[2] है
सिनेमा है या सनअते-आज़री[3] है

वह सनअत न थी शेवा-ए-काफ़री था
यह सनअत नहीं शेवा-ए-सामरी[4] है

वो मज़हब था अक़्वामे-एहदे-कुहन[5] का
वो तहज़ीबे-हाज़िर[6] की सौदागरी है

वो दुनिया की मिट्टी यह दोज़ख़ की मिट्टी
वो बुतख़ाना-ख़ाकी यह ख़ाकस्तरी है

---

1. बुत बेचने वाला 2. बुत बनाने वाला 3. मूर्तिकला 4. जादूगरी 5. प्राचीन जातियां 6. आधुनिक परम्परा

## (102)

सच कह दूँ ऐ ब्रेहमन! गर तू बुरा न माने
तेरे सनम-क़दों[1] के बुत हो गए पुराने

अपनों से बैर रखना तूने बुतों से सीखा
जंगो-जदल[2] सिखाया वाइज़[3] को भी खुदा ने

तंग आके मैंने आखिर दैरो-हरम[4] को छोड़ा
वाइज़ का वांज़ छोड़ा, छोड़े तेरे फ़साने

पत्थर की मूर्ति में समझा है तू ख़ुदा है
ख़ाके-वतन[5] का मुझको हर ज़र्रा[6] देवता है

1. बुतख़ाना 2. युद्ध करना 3. धर्म प्रचारक 4. मन्दिर, मस्जिद 5. वतन की भूमि 6. कण

## (103)

आ रही है नींद तुझको दरमियान-ए-कारज़ार[1]
देख वो तेग़-ए-उदू[2] चमकी ख़ुदारा होशियार

होशियार ऐ मर्द-ए-ग़ाफ़िल होशियार
जानवर लें साँस यकरंगी[3]-ओ-आजादी के साथ

नौ-ए-इन्साँ[4] और तक़्सीम-ए-[5]गुलाम-ओ-शहरयार
होशियार, ऐ मर्द-ए-ग़ाफ़िल होशियार

गुर्ग[6] रह जाते हैं दाँतों में दबाकर उंगलियाँ
आदमी का आदमी करता है अक्सर यूँ शिकार

होशियार, ऐ मर्द-ए-ग़ाफ़िल होशियार
देखता हूँ अस्त्र-ए-हाज़िर[7] की निगाह-ए-मेहर[8] में

वो दहकती आग काँपें जिससे दोज़ख़ के शरार[9]
होशियार, ऐ मर्द-ए-ग़ाफ़िल, होशियार

अर्सा-ए-आलम[10] का हरा ज़र्रा है मैदान-ए-अमल[11]
बज़्म-ए-हस्त-ओ-बूद[12] का हर ज़र्रा है

रोज़-ए-शुमार[13]
होशियार, ऐ मर्द-ए-ग़ाफ़िल होशियार

---

1. रणभूमि 2. दुश्मन 3.एकता 4. इन्सानों की बिरादरी 5. बँटवारा 6. भेड़ियां 7. नया ज़माना 8. कृपादृष्टि 9. चिंगारी 10. दुनिया का मैदान 11. कर्मभूमि 12. दुनिया 13. प्रलय का दिन, हिसाब का दिन।

## (104)

आ ग़ैरयत के पर्दे इक बार फिर उठादें
बिछड़ों को फिर मिलादें नक्शे-दुई[1] मिटा दें!

सूनी पड़ी हुई है मुद्दत से दिल की बस्ती
आ इक नया शिवाला[2] इस देस में बना दें

दुनिया के तीरथों से ऊँचा हो अपना तीरथ
दामाने-आस्मां से इसका कलस[3] मिला दें

हर सुबह उठ के गाएं मन्तर वो मीठे-मीठे
सारे पुजारियों को मय पीत की पिलादें

शक्ति भी शांति भी भक्तों के गीत में है
धरती के वासियों की मुक्ति प्रीत में है

---

1. भेद-भाव 2. मन्दिर 3. मन्दिर का गुम्बद

## (105)

मस्जिद तो बनादी शब भर में ईमां की हरारत वालों ने
मन अपना पुराना पापी है, बरसों में नमाज़ी बन न सका

तर आंखें तो हो जाती हैं पर क्या लज़्ज़त इस रोने में
जब खूने-जिगर की आमेज़िश[1] से अश्क प्याज़ी बन न सका

'इक़बाल' बड़ा उपदेशक है मन बातों में मोह लेता है
गुफ़तार[2] का यह ग़ाज़ी[3] तो बना किरदार[4] का ग़ाज़ी बन न सका

---

1. मिलावट 2. बातों का 3. योद्धा 4. चरित्र

## (106)

ग़ज़ब[1] के गिरदाब[2] पड़ रहे है अज़ीम[3] तूफ़ान ज़ोर पर है
बला की पुरवाई चल रही है जलाल[4] में रूह-ए-बहर-ओ-बर[5] है

थपेड़े खता हुआ सफ़ीना[6], कभी इधर है कभी उधर है
हवा उठाए हुए है तूफ़ाँ, घटा निकाले हुए ज़बाँ है

कोई ख़ुदा के लिए बताओ कि नाख़ुदा कौन है कहाँ है
डरावनी रात रो रही है भरे हुए हैं तमाम जल थर भंवर
निकाले हुए हैं आँखें, झुके हुए हैं स्याह बादल

हवा में शोरिश[7], घटा में ग़ौग़ा[8] फ़ज़ा[9] में लरज़िश[10], जमीं पे
हलचल तमाम गेती[11] है पारा पारा[12] तमाम गरदूँ[13] धुआँ धुआँ है

कोई ख़ुदा के लिए बताओ कि नाख़ुदा कौन है कहाँ है
सलाम लो ऐ अज़ीज[14] यारो कि अब नहीं शक्ल[15]-ए ज़िन्दगानी

कहा सुना सब मुआफ़ कर दो भुला दो बातें नई पुरानी
बढ़ो कि वो झुक चला सफ़ीना[16], उठो कि आने लगा वो पानी

मुबारक ऐ जंग-ए-कुफ़्र-ओ-ईमाँ[17] हयात[18] दम भर की मेहमाँ है
कोई ख़ुदा के लिए बताओ कि नाख़ुदा कौन है कहाँ है

---

1. भयानक 2. भंवर 3. जोश, गुस्सा 4. महान 5. समुद्र और धरती की आत्मा 6. नाच 7. हलचल 8. शोर 9. वातावरण 10. व्याकुलता 11. संसार 12. टुकड़े-टुकड़े 13. आकाश 14. प्यार 15. जीवन का उपाय 16. नाव 17. धर्म-अधर्म 18. जीवन।

## (107)

ख़िरद[1] के पास ख़बर के सिवा कुछ और नहीं
तिरा इलाज नज़र के सिवा कुछ और नहीं

हर इक मुक़ाम से आगे मुक़ाम है तेरा
हयात ज़ौक़-सफ़र के सिवा कुछ और नहीं

रगों में गर्दिशे-ख़ूँ[2] है अगर तो क्या हासिल
हयात सोज़े-जिगर[3] के सिवा कुछ और नहीं

उरुसे-लाला[4]! मुनासिब नहीं है मुझसे हिजाब
कि मैं नसीमे-सहर[5] के सिवा कुछ और नहीं

जिसे क़सास[6] समझते हैं ताजराने-फ़िरंग[7]
वो शय मताए-हुनर के सिवा कुछ और नहीं

---

1. ज्ञान 2. रक्तचाप 3. जिगर की जलन 4. फूलों की दुल्हन। 5. सुबह की हवा 6. तावान, टैक्स 7. अंग्रेज़ व्यापारी

## (108)

आह! ऐ हिन्दोस्ताँ ऐ किश्वर[1]-ए-ज़ार-ओ-नज़ार[2]
तेरे बच्चे भी बिलकते हैं जवाँ भी बेक़रार

तेरे मुर्दो का कफ़न तक ले गए चालाक चोर
शक़ हो ऐ तारीक[3] जीते जागते मुर्दो की गोर[4]

तेरे ऊपर आ के ठहरा है ठगों का क़ाफ़ला
झूमकर बैठ ऐ भयानक देव पीठ अपनी हिला

ऐ झड़कती आग, ठण्डी राख की तरह निकल
ऐ रग-ए-ग़ैरत[5] उभर ऐ खूनस के चश्मे उबल

गरदनें तौक़-ए-गुलामी से हुई जाती है कज[6]
ऐ कड़कती बर्क़[7] गिर, ऐ झूमते बादल गरज

आ रही है कब से रह रह कर सदा-ए-इंक़लाब
ज़िन्दा है तू ऐ वतन देता नहीं फिर क्यों जवाब

ये अजल[8] की बे-हिसी[9] है या फ़क़त ख़्वाब-ए-गराँ[10]
बोल ऐ 'हिन्दोस्ताँ, हिन्दोस्ताँ, हिन्दोस्ताँ'

---

1. देश, दुःखी, निर्धन, कमज़ोर 2. फट जा 3. अँधेरी 4. कब्र 5. अभिमान 6. टेढ़ी 7. बिजली 8. मौत की जड़ता। 9. निष्क्रियता, जड़ता 10. गहरी नींद।

## (109)

अक्ल गो आस्ताँ[1] से दूर नहीं
इसकी तक़दीर में हुज़ूर नहीं

दिले-बीना[2] भी कर ख़ुदा से तलब[3]
आंख का नूर दिल का नूर नहीं

क्या गज़ब है कि इस ज़माने में
एक भी साहिबे-सुरूर[4] नहीं

इक जुनूँ है कि बाशऊर[5] भी है
इक ख़िरद है कि बाशऊर नहीं!

हर गुहर[6] ने सदफ़[7] को तोड़ दिया
तू ही आमादा-ए-ज़हूर[8] नहीं

---

1. दरवाजा 2. देखने वाला दिल 3. चाहना 4. नशे में 5. समझदार 6. मोती 7. सीप 8. प्रकट होने के लिए तैयार नहीं

## (110)

गेसू-ए-ताबदार को और भी ताबदार[1] कर
होशो-ख़िरद[2] शिकार कर, क़लबो[3]-नज़र शिकार कर

इश्क़ भी हो हिजाब में हुस्न भी हो हिजाब में
या तो ख़ुद आश्कार[4] हो या मुझे आश्कार कर

तू है मुहीते-बे कराँ[5] मैं हूँ ज़रा-सी आबे जू
या मुझे हम किनार कर[6] या मुझे बे किनार[7] कर

बाग़े-बहिश्त[8] से मुझे हुकमे-सफ़र दिया था क्यों
कारे-जहाँ दराज़[9] है अब मेरा इन्तज़ार कर

रोज़े-हिसाब जब मिरा पेश हो दफ़तरे-अमल[10]
आप भी शर्मसार हो मुझको भी शर्मसार कर

---

1. चमकदार 2. सुद्ध-बुद्ध 3. दिल और नज़र 4. स्वयं प्रकट 5. विशाल साग़र 6. मिलना 7. स्वतन्त्र 8. स्वर्ग 9. लम्बा 10. लेखा-जोखा

## (111)

नशा पिलाके गिराना तो सब को आता है
मज़ा तो जब है कि गिरतों को थाम ले साक़ी

जो बादाकश[1] थे पुराने वो उठते जाते हैं
कहीं से आबे-बक़ाए-दवाम[2] ले साक़ी

कटी है रात तो हंगामा[3] गुस्तरी में तिरी
सहर क़रीब है अल्ला का नाम ले साक़ी

---

1. पीने वाले 2. अमृत 3. हंगामा बाज़ी

## (112)

डरो उस वक़्त से ऐ दुशमनान-ए-अम्नओ-आसाईबा[1]
बना लें जब हिकम[2] ख़ूँ रेज़[3] तलवारों को हम अपनी

कि उनका फ़ैसला कुछ इस क़दर दो टूक होता है
कि दो टुकड़ों में ज़र्रा भर कमी बेशी[4] नहीं होती

कोई जाकर ये कह दे अफ़सर-ए-मर्दुम शुमारी[5] से
अजब क्या है कि मेरा ग़ुन्चा-ए-ख़ातिर[6] भी खिल जाए

कि अज़राह-ए-करम[7] मुझ नीम जाँ[8] को भी ख़बर कर दें
अगर इस कूचा गर्दी[9] में कोई इन्सान मिल जाए

---

1. सुख और आराम के दुश्मन 2 फैसला . देने वाला पंच 3. खून बहाने वाली 4. कमी या अधिक 5. जनगणना 6. दिल की कली 7. कृपया 8. अर्ध जीवित, दुःखी 9. भ्रमण।

## (113)

तेरे इश्क़ की इन्तेहा चाहता हूँ
मिरी सादगी देख क्या चाहता हूँ

सितम हो कि हो वादा-ए-बेहिजाबी
कोई बात सब्र आज़मा चाहता हूँ

यह जन्नत मुबारक रहे ज़ाहिदों[1] को
कि मैं आपका सामना चाहता हूँ

कोई दम का मेहमाँ हूँ ऐ एहले-महफ़िल
चिराग़े-सहर[2] हूँ बुझा चाहता हूँ

भरी बज़्म में राज़ की बात कह दी
बड़ा बे अदब हूँ सज़ा चाहता हूँ

---

1. अल्ला वाले 2. सुबह का दिया

## (114)

अनोखी वज़अ है सारे ज़माने से निराले हैं
यह आशिक़ कौन-सी बस्ती के या रब रहने वाले हैं

फला फूला रहे या रब चमन मेरी उमीदों का
जिगर का ख़ून दे-दे कर यह बूटे मैंने पाले हैं

रुलाती है मुझे रातों को ख़ामोशी सितारों की
निराला इश्क़ है मेरा निराले मेरे नाले हैं

न पूछो मुझ से लज़्ज़त खानुमा[1] बर्बाद रहने की
नशेमन[2] सैंकड़ों मैंने बनाकर फूंक डाले हैं

मिरे अशआर ऐ 'इक़बाल' क्यों प्यारे न हों मुझको
मिरे टूटे हुए दिल के यह दर्द अंग्रेज़ नाले[3] हैं

---

1. बेघर 2. आशियाना, झोंपड़ी 3. दुखी आवाज़, रोने की आवाज़

## (115)

ख़ुर्शीद[1] को देखो डूब गया ज़ुल्मत[2] का निशाँ[3] लहराने लगा
महताब[4] वो हलके से चाँदी के वरक़[5] बरसाने वो साँवलेपन

पर मैदाँ के हल्की सी सबाहत[6] दौड़ चली थोड़ा सा उभर
कर बादल से वो चाँद जबी[7] झलकाने लगा

बादल में छुपा तो खोल दिए बादल में दरीचे[8] हीरे के
गरदूँ[9] पे जो आया तो गरदूँ, दरिया की तरह लहराने लगा

सिमटी जो घटा तारीकी[10] में चाँदी के सफ़ीने ले के चला
सनकी जो हवा तो बादल के गिरदाब[12] में ग़ोते खाने लगा

परदा जो उठाया बादल का दरिया पे तबस्सुम[13] दौड़ गया
चिलमन[14] जो गिराई बदली की मैदान का दिल घबराने लगा

उभरा तो तजल्ली[15] दौड़ गई, डूबा तो फ़लक[16] बेनूर[17] हुआ
उलझा तो स्याही दौडादी, सुल्झा तो ज़िया[18] बरसाने लगा

क्या काविश[19]-ए-नूर-ओ-ज़ुलमत[20] है क्या क़ैद है क्या आज़ादी है
इन्साँ की तड़पती फ़ितरत[21] का मफ़हूम समझ में आने लगा

---

1. सूरज 2. अँधेरा 3. झण्डा 4. चांद 5. पत्र 6. गोरापन का 7. माथा 8. खिड़की 9. आकाश 10. अँधेरे में 11. नाव 12. भंवर 13. मुस्कराहट 14. परदा 15. उजाला 16. कोशिश 17. अँधेरा 18. उजाला 19. टकराव 20. अँधेरे उजाले की 21. स्वभाव।

## (116)

मौहब्बत के लिए दिल ढूँढ कोई टूटने वाला
यह वो मय है जिसे रखते हैं नाज़ुक आबगीनों[1] में

सरापा हुस्न बन जाता है जिसके हुस्न का आशिक़
भला ऐ दिलं हसीं ऐसा भी है कोई हसीनों में

नुमायां हो के दिखलादे कभी उनको जमाल[2] अपना
बहुत मुद्दत से चर्चे हैं तिरे बारीक बीनों में

ख़मोश ऐ दिल भरी महफ़िल में चिल्लाना नहीं अच्छा
अदब पहला क़रीना है मौहब्बत के क़रीनों में

बुरा समझूँ उन्हें! मुझसे तो ऐसा हो नहीं सकता
कि मैं ख़ुद भी तो हूँ 'इक़बाल' अपने नुक्ता-चीनों[3] में

---

1. बुलबुला 2. सौन्दर्य 3. टिप्पणी करने वालों में

## (117)

तेरे इश्क़ की इन्तेहा चाहता हूँ
मिरी सादगी देख क्या चाहता हूँ

सितम हो कि हो वादा-ए-बेहिजाबी
कोई बात सब्र आज़मा चाहता हूँ

यह जन्नत मुबारक रहे ज़ाहिदों[1] को
कि मैं आपका सामना चाहता हूँ

कोई दम का मेहमाँ हूँ ऐ एहले-महफ़िल
चिराग़े[2]-सहर हूँ बुझा चाहता हूँ

भरी बज़्म में राज़ की बात कह दी
बड़ा बे अदब हूँ सज़ा चाहता हूँ

---

1. अल्ला वाले 2. सुबह का दिया

## (118)

नज़र झुकाए उरूस[1]-ए-फ़ितरत जबीं[2] से ज़ुल्फ़ें हटा रही है
सहर[3] का तारा है ज़लज़ले[4] में, उफ़क़[5] की लौ थरथरा रही है

रविश[6] रविश नग़मा-ए-तरब[7] है चमन चमन जश्न-ए-रंग-ओ-बू है
तयूर[8] शाख़ों पे हैं ग़ज़ल ख़्वाँ, कली कली गुनगुना रही है

सितारा-ए-सुबह[10] की रसीली झपकती आँखों में हैं फ़साने
निगार-ए-महताब[11] की नशीली निगाह जादू जगा रही है

कली पे बेले की किस अदा से पड़ा है शबनम[12] का एक मोती
नहीं, ये हीरे की कील पहने कोई परी मुस्करा रही है

शलूका पहने हुए गुलाबी हर इक सुबुक[13] पंखड़ी चमन में
रंगी हुई सुर्ख ओढ़नी का हवा में पल्लू सुखा रही है फ़लक[14]

पे इस तरह छुप रहे हैं हिलाल[15] के गिर्द-ओ-पेश[16] तारे
कि जैसे कोई नई-नवेली जबीं[17] से अफ़शाँ छुड़ा रही है खटक

ये क्यों दिल में हो चली फिर, चटकती कलियों ज़रा ठहरना
हवा-ए-गुलशन[18] की नर्म रौ में ये किसकी आवाज़ आ रही है

---

1. प्रकृति की दुल्हन 2. माथे से 3. प्रभात, प्रात:काल 4. भौंचका 5. क्षितिज 6. हर मार्ग पर 7. खुशी के गीत 8. चिड़ियाँ 9. ग़ज़ल गा रहे हैं 10. सुबह के तारे 11. चाँद की सुन्दरी 12. ओस 13. हल्की 14. आकाश 15. चाँद। 16. चारों ओर 17. माथे 18. बाग़ की सुगंधित हवा।

## (119)

न आते हमें इसमें तकरार क्या थी

मगर वादा करते हुए आर क्या थी
तुम्हारे प्यामी ने सब राज़ खोला
खता इसमें बन्दे की सरकार क्या थी

भरी बज़्म में अपने आशिक़ को ताड़ा
तिरी आंख मस्ती में हुशियार क्या थी

तअम्मुल[1] तो था उनको आने में क़ासिद
मगर यह बता तर्ज़े-इंकार क्या थी

कहीं ज़िक्र रहता है 'इक़बाल' तेरा
फुसूँ[2] था कोई तेरी गुफ़तार[3] क्या थी

---

1. संकोच 2. जादू 3. बातें

## (120)

आज तो फ़ाख़ता की नर्म आवाज़
है कुछ इस तरह ग़र्क़-ए-सोज़-ओ-गुदाज[1]

जैसे पीरी में याद-ए-तिफ़ली[2] आए
जैसे जल जल के शमा बुझ जाए

जैसे याक़ूब[3] ग़र्क़ शेवन[4] में
जैसे सीता की जुस्तुजू[5] बन में

शब[6] को जिस तरह दिल में दर्द उठे
बेवगी नो-उरुस[7] की जैसे

शाम को ज़ेर-ए-साया-ए-कुहसार[8]
जैसे वादी में धीमी धीमी फुआर

जैसे जो बर ऩ आई हो वो मुराद[9]
जैसे बिछड़े हुओं की दिल में याद

जैसे ससुराल में कोई लड़की
देखकर बदलियों को सावन की

सुबह पनघट के नीम के नीचे
मायके की घटाएँ याद करे

---

1. दर्द में डूबी हुई 2. बचपन की याद 3. एक मशहूर पैग़म्बर (अवतार) 4. रोना 5. खोज 6. नई दुल्हन 7. रात 8. पहाड़ की छाया में 9. पूरी न होई हो वह आरज़ू।

## (121)

कभी ऐ हक़ीकते-मुंतज़र[1] नज़र आ लिबासे-मजाज़[2] में
कि हज़ारों सजदे तड़प रहे हैं मेरी जबीने-नियाज़[3] में

तू बचा बचा के न रख इसे, तिरा आईना है वो आईना
कि शिकस्ता हो तो अज़ीज़[4] तर है निगाहे-आईना साज़ में

न कहीं जहाँ में अमां[5] मिली जो अमां मिली तो कहां मिली
मिरे जुर्मे-ख़ाना खराब को तिरे उफवे-बन्दा नवाज़[6] में

न वो इश्क में रही गर्मियां न वोह हुस्न में रही शोख़ियां
न वो ग़ज़नवी[7] में तड़प रही, न वो ख़म है जुल्फ़े अयाज़[8] में

जो मैंसर ब सजदा हुआ कभी तो ज़मीं से आने लगी सदा
तिरा दिल तो है सनम आशना[9] तुझे क्या मिलेगा नमाज़ में

---

1. ख़ुदा 2. प्रगट रूप में 3. माथा (अनुनय) 4. प्रिय 5. शरण 6. बन्दों को क्षमा करने वाला स्वभाव 7. गज़नी का बादशाह महमूद ग़ज़नवी 8. बादशाह महमूद ग़ज़नवी का वफ़ादार गुलाम 9. बुतों का प्रिय

## (122)

मिला जो मौक़े तो रोक दूंगा जलाल[1] रोज़-ए-हिसाब[2] तेरा
पढ़ूंगा रहमत का वो क़सीदा[3] कि हँस पड़ेगा इताब[4] तेरा
यही तो हैं तो सतून-ए-मुहकम[5] इन्हीं पे क़ायम है नज़्म-ए-आलम[6]
यही तो है राज़-ए-ख़ुल्द-ए-आदम[7] निगाह मेरी शबाब[8] तेरा
तमाम महफ़िल के रूब रूगो उठाई नज़रें मिलाई आँखें
समझ सका एक भी न लेकिन सवाल मेरा जवाब तेरा
हज़ार शाख़ें अदा से लचकीं हुआ न तेरा सा लोच पैदा
शफ़क[10] ने कितने ही रंग बदले मिला न रंग-ए-शबाब[11] तेरा
इधर मेरा दिल तड़प रहा है तेरी जवानी की जुस्तुजू[12] में
उधर मेरे लिद की आरज़ू में मचल रहा है शबाब तेरा
जड़े पहाड़ों की टूट जाती फ़लक तो क्या अर्श[13] कांप उठता
अगर मैं दिल पर न रोक लेता तमाम जोर-ए-शबाब[14] तेरा
भला हुआ 'जोश' ने हटाया निगाह का चश्म-ए-तर[15] से पर्दा
बला से जाती रहीं गर आँखें खुला तो बन्द-ए-नक़ाब[16] तेरा

---

1. गुस्सा 2. प्रलय के दिन 3. प्रशंसा की कविता 4. गुस्सा 5. पक्का, मज़बूत स्तम्भ 6. दुनिया का प्रबंध 7. आदमी की जन्नत का भेद 8. जवानी 9. सभा के सामने 10. उषा 11. जवानी का रंग 12. तलाश में 13. भगवान का सिंहासन 14. जवानी का ज़ोर 15. भीगी आँखों का परदा 16. चेहरे का परदा।

## (123)

सितारों से आगे जहां और भी हैं
अभी इश्क के इम्तेहाँ और भी हैं

क़नाअत[1] न कर आलमे-रंगो-बू पर[2]
चमन और भी आशियाँ और भी हैं

तू शाहीं[3] है परवाज़[4] है काम तेरा
तिरे सामने आस्मां और भी हैं

इसी रोज़ो-शब[5] में उलझ कर न रह जा
कि तेरे ज़मानो-मकाँ[6] और भी हैं

गए दिन कि तन्हा था मैं अंजुमन में
यहां अब मिरे राज़दाँ और भी हैं

---

1. सब्र 2. दुनिया 3. बाज़ 4. उड़ान 5. रात-दिन 6. दुनिया

## (124)

सारे जहां से अच्छा हिन्दोस्तां हमारा
हम बुलबुलें हैं इसकी यह गुलिस्ताँ हमारा

पर्वत वोह सब से ऊँचा हम साया आस्मां का
वो सन्तरी हमारा, वो पास्बाँ हमारा

गोदी में खेलती हैं इसकी हज़ारों नदियाँ
गुलशन है जिनके दम से रश्के-जिनां हमारा

मज़हब नहीं सिखाता आपस में बैर रखना
हिन्दी हैं हम वतन है हिन्दोस्तां हमारा

यूनानो-मिस्रो-रुमा, सब मिट गए जहां से
अब तक मगर है बाक़ी नामो-निशां हमारा

'इकबाल' कोई महरम[1] अपना नहीं जहां में
मालूम क्या किसी को दर्दे-निहां[2] हमारा

---

1. राज़दार 2. छिपा हुआ दर्द

## (125)

लब[1] पे आती है दुआ[2] बन के तमन्ना मेरी
ज़िन्दगी शम्मा की सूरत[3] हो ख़ुदाया[4] मेरी

दूर दुनिया का मिरे दम से अन्धेरा हो जाए
हर जगह मेरे चमकने से उजाला हो जाए

हो मिरे दम[5] से यूं ही मेरे वतन की ज़ीनत[6]
जिस तरह फूल से होती है चमन की ज़ीनत

ज़िन्दगी हो मेरी परवाने की सूरत या रब[7]
इल्म[8] की शम्मा से हो मुझको मौहब्बत या रब

हो मेरा काम गरीबों की हिमायत[9] करना
दर्दमन्दों से ज़ईफ़ों[10] से मौहब्बत करना

मेरे अल्लाह! बुराई से बचाना मुझ को
नेक[11] जो राह हो उस राह पे चलाना मुझ को

---

1. होठ 2. प्रार्थना 3. जैसी 4. ऐ ख़ुदा 5. व्यक्तित्व 6. रौनक 7. ईश्वर 8. ज्ञान, विद्या 9. पैरवी, तरफ़दारी 10 बूढ़ों 11. सीधा रास्ता, सच्चाई का रास्ता

## (126)

हम ने निकाली सैकड़ों राहें [1] कुछ भी सकून-ए-ग़म[2] न हुआ
जान को कुछ आराम न पहुँचा दिल का धड़कना कम न हुआ
क्या निज़आ[3] की तकलीफों में मज़ा जब मौत न आए जवानी में

क्या लुत्फ जनाज़ा उठने का हर गाम[4] पे जब मातम न हुआ
अश्कों[5] के निकलने में है तसल्ली दिल के तड़पने में है मज़ा
वल्लाह[6] कि चसे इन्सान नहीं इस राज़[7] से जो महरम न[8] हुआ
जब से निगाहें तुम से लड़ी ऐश गया आराम गया

किस सुबह को आह-ए-सर्द[9] न खींची कौन सी शब[10] मातम न हुआ
राहत का जहाँ में नाम नहीं ईज़ा[11] के सिवा आराम नहीं
जिस रोज़ से दिल ने ये समझा उस रोज़ से कोई ग़म न हुआ
घर भर में किसी का परतौ[12] था क़न्दील-ए-तसव्वुर[13] रौशन थी
क्या वज्द[14] के क़ाबिल था ये समाँ कल रात को तू हमदम[15] न हुआ

---

1. रास्ते 2. ग़म से मुक्ति 5. आँसू 3. जान निकलने का समय 4. क़दम, पग-पग 5. आँसू 6. भगवान् सौगंद 7. भेद 8. जानकार 9. ठण्डी आह 10. रात 11. दुःख 12. झलक 13. कल्पना की कन्दील 14. परम आनन्द 15. दोस्त।

## (127)

पेट बड़ा बदकार है बाबा-पेट बड़ा बदकार
शेर बबर और नेवले की गरदन में डाले हार
अज़दर के और होश उड़ा दे चूहे का दरबार पेट बड़ा बदकार

दौलत के आगे सर टेकें बड़े-बड़े गम्भीर[1]
ज़र[2] के आगे भाव बताएँ बड़े-बड़े सरदार पेट बड़ा बदकार

नादाँ बैठे कश्ती में और दाना[3] गोते खाए
कुत्ता सोए गद्दे पर और टहले चौकीदार पेट बड़ा बदकार

लोहा डर से गिरकर काँपे पत्थर थरथर होए
माया की ऐ तेज़ कटारी बल[4] बे तेरी धार पेट बड़ा बदकार

फूल चमन के मूली बेचे शाखें फटके धान शायर ओर फ़िक्र-ए-
दुनिया[5] आशिक और व्योपार पेट बड़ा बदकार

शेर के मुंह में सर देदे और नाग के बिल में हाथ
पेट पुरानी पापी है इस पापी से हुशियार पेट बड़ा बदकार

---

1. बुद्धिमान, विद्वान् 2. धन, दौलत 3. होशियार 4. न्योछावर होना 5. दुनियादारी की चिंता।

## (128)

लोग हँसते हैं चहचहाते हैं
शाम को सैर से जब आते हैं

लैम्प की रौशनी में यारों को
दास्तानें नई सुनाते हैं

हम पलटते हैं जब गुलिस्ताँ[1] से
आह भरते हैं थरथराते हैं

आप समझे ये माजरा[2] क्या है
सुनिए हम आपको सुनाते हैं

वो लगाते हैं सिर्फ़ चक्कर ही
हम मनाज़िर[3] से दिल लगाते हैं

वो नज़र डालते हैं लहरों पर
और हम तह में डूब जाते हैं

घर पलटते हैं वो हवा खाकर
और हम ज़ख़्म खाके आते हैं

---

1. बाग 2. किस्सा 3. प्रकृति के दृश्य।

## (129)

ऐ शख़्स अगर 'जोश' को तू ढूँढ़ना चाहे
वो पिछले पहर हल्क़ा-ए-इरफ़ाँ[1] में मिलेगा

और सुबह को वो नाज़िर-ए-नज़्ज़ारा-ए-कुदरत[2]
तरफ़-ए-चमन-ओ-सहन-ए-बयाबाँ[4] में मिलेगा

और दिन को वो सर गश्ता-ए-असराए-ए-मुआनी[5]
शहर-ए-हुनर[6]-ओ-कू-ए-अदीबाँ में मिलेगा

और शाम को वो मर्द-ए-ख़ुदा, रिन्द[7]-ए-ख़राबात[8]
रहमतकदा-ए-बादा-फ़रोशाँ[9] में मिलेगा

और रात को वो ख़लवती-ए- काकुल-ओ-रुख़सार[10]
बज़्म-ए-तरब[11] ओ कूचा-ए-जानाँ[12] में मिलेगा

और होगा कोई जब्र[13] तो वो बन्दा-ए-मजबूर
मुर्दे की तरह कलबा-ए-अहज़ाँ[14] में मिलेगा

---

1. दर्शन शास्त्रियों के घेरे में 2. प्राकृतिक दृश्यों का दर्शक 3. चमन की तरफ 4. जंगल के आँगन में 5. शब्दों के भेदों की खोज करने वाला 6. कला के नगर के 7. साहित्यकारों की संगति में। 8. ख़ुदा का बन्दा, मदिरा का रसिया 9. शराबख़ाना 10. ज़ुल्फ़ों और सुन्दरता का मतवाला 11. संगीत की दुनिया 12. सुन्दरियों की गली में 13. ज़बरदस्ती 14. दुःखी घर में।

## (130)

ये माना सर ज़मीन[1]-ए-हिन्द पर निकहत[2] बरसती है
ज़बानों पर हदीस-ए-औज[3] है फ़िक्रों[4] में पस्ती[5] है

ये माना आज हम मैदान-ए-वहशत[6] में रिजज़-ख़्वाँ[7] हैं
अदू[8] भी सर पे है आपस में भी दस्त[9]-ओ-गरीबाँ हैं

मगर रातों को जब फ़िक्र-ए-सुख़न[10] में सर झुकाता हूँ
फ़ज़ा-ए-सर्द[11] में धीमी सी इक आवाज़ पाता हूँ

हक़ीक़त[12] क्या बताऊँ उस सदा-ए-रूह-अफ़ज़ा[13] की
निहाँ[14] हैं जिसके अन्दर काविशें[15] इमरोज़-ओ-फ़र्दा की[16]

ये मशरिक़[17] महव है सुबहे-तजल्ली ज़ार[18] होने में
ये रूह-ए-एशिया मसरुफ़[19] है बेदार[20] होने में

---

1. धरती 2. गरीबी 3. ऊँचाई, महानता की बातें 4. ख्यालों में गिरावट 5. नीचापन 6. भयानक जंगल 7. लड़ाई के गीत गा रहे हैं 8. शत्रु 9. लड़-झगड़ रहे हैं 10. काव्य-चिंतन 11. ठण्डे वातावरण 12. वास्तविकता 13. आत्मा को सुख देने वाली 14. छुपी हुई 15. खोज, कोशिशें 16. और कल 17. पूरब देश 18. उजली 19. व्यस्त 20. जागना।

## (131)

हो चुका है ग़ुरुब महर-ए-मुनीर[1]
सामने अब नहीं कोई तस्वीर

हो चुका है उदास हर मन्ज़र[2]
क्यों मैं बैठा हूँ अब पहाड़ी पर

सामने का हरा-भरा जंगल
हो चुका है निगाह से ओझल

खोई जाती है ज़ुलमतों[3] में नज़र
बेकसी है घनी खजूरों पर

भरने वाले हैं पल में अब जल थल
घिड़घिड़ाते हैं चर्ख़[4] पर बादल

गूँद है बादलों की वादी में
पड़ रही हैं बड़ी-बड़ी बूंदें

बढ़ता जाता है अब-ओ-बाद[5] का जोश
फिर भी बैठा हुआ हूँ मैं ख़ामोश

और ये राज़ भी नहीं खुलता
कि मुझे इन्तेज़ार है किसका

---

1. चमकीला सूरज 2. दृश्य 3. अंधेरों 4. आसमान 5. बारिश और हवा।

## (132)

एक दुखिया, हज़ीं[1], परीशाँ हाल
पी की दूरी से जिसका जी है निढाल

रोती रहती है सारी-सारी रात
इक क़यामत है जान पर बरसात

सू[2]-ए-गर, नज़र उठाती है
दर्द-ए-दिल इस तरह सुनाती है

ए तर-ओ-ताज़ा हसरतोमन की
ए गुलाबी घटाओ सावन की

जल्दी इस देश से गुज़र जाओं
वारी, इक बूंद भी न टपकाओ

वरना महकेंगे फूल गुलशन में
आग लग जाएगी मेरे तन में

यूँ न पापी पपीहे तान लगा
जिस नगर में हैं पी वहीं उड़ जा

देख पुरवाई, दिल न कुम्हला जाए
कोई झोंका इधर न आने पाए

---

1. दुर्बल 2. आकाश की तरफ।

## (133)

बाला[1] हैं 'जोश' दाम-ए-ज़मान-ओ- मकाँ[2] से हम
रस्म-ए-ताअय्युनात[3] को लाएँ कहाँ से हम

अहल-ए-ज़मीं[4] ग़रीब[5] हैं हम नुक्ताचीं[6] न हों
आते हैं गाह-गाह यहाँ आसमाँ से हम

जंगल हैं आब-ए-जू[7] शब-ए-माहताब[8] है
ऐसे में उनको ढूँढ़ के लाएँ कहाँ से हम

हाँ आसमान अपनी बुलन्दी से होशियार
से सर उठा रहे हैं किसी आस्ताँ[9] से हम

उठना था जिनको चीन-ओ-अजम[10] से सो उठ चुके
अब 'जोश' उठे हैं किश्वर-ए-हिन्दोस्ताँ[11] से हम

---

1. ऊपर 2. समय और स्थान के बन्धन से 3. बँधे टिके विधान 4. धरती वालो 5. प्रवासी, मुसाफ़िर, 6. छिद्रान्वेषी 7. पानी की नहर 8. चाँदनी रात 9. चौखट 10. ईरान 11. भारत देश।

## (134)

उठा साग़र कि इन्साँ कुश्ता-ए-आलाम[1] है साक़ी
ये बरबत है[2] ये मय, आगे ख़ुदा का नाम है साक़ी

हक़ीक़त क्या समझ में आ सके अशया-ए-आलम[3] की
फ़क़त[4] इक शक्ल[5] है साक़ी, फ़क़त इक नाम है साक़ी

कहा जाता है मुझसे जिन्दगी इनआम[6]-ए-क़ुदरत है
सज़ा क्या होगी उसकी जिसका यह इनआम है साक़ी

लड़कपन ज़िद में रोता था जवानी दिल को रोती है
न जब आराम था साक़ी, न अब आराम है साक़ी

तमन्नाएँ[7] जगाती हैं तो नाकामी सुलाती है
न अपनी सुबह है साक़ी न अपनी शाम है साक़ी

अदब[8] कर इस ख़राबाती[9] का जिसको 'जोश' कहते हैं
कि ये अपनी सदी का हाफ़िज़[10]-ओ-ख़य्याम[11] है साक़ी

---

1. मुसीबतों का मारा 2. बाजा, सितार 3. दुनिया की चीज़ों की वास्तविकता 4. केवल 5. रूपरेखा 6. पुरस्कार 7. आकांक्षा 8. आदर 9. शराबख़ाने के निवासी 10. सुप्रसिद्ध फ़ारसी कवि 11. सुप्रसिद्ध कवि।

## (135)

किस ज़बाँ से कह रहे हो आज ऐ सौदाग़रो[1] 'दहर[2] में इन्सानियत के नाम को ऊँचा करो' सख़्त हैराँ हूँ कि महफ़िल में तुम्हारी और ये ज़िक्र नौ-ए-इन्सानी के मुसतक़बिल[3] की अब करते हो फिक्र जह यहाँ आए थे तुम सौदाग़री के वास्ते नौ-ए-इन्सानी[4] के मुसतकबिल से क्या वाकिफ न थे

हिन्दियों के जिस्म में क्या रूह-ए-आज़ादी न थी सच बताओ क्या वो इन्सानों की आबादी न थी हिज्रत[5]-ए-सुलतान-ए-देहली का समाँ भी याद हैं?

शेर-दिल टीपू की ख़ूनी दास्ताँ भी याद है?
वो भगत सिंह अब भी जिसके ग़म से दिल नाशाद[6] है

उसकी गर्दन में जो डाल था वो फन्दा याद है? साँस क्या उखड़ी कि हक़[7] के नाम पर मरने लगे नौ-ए-इन्साँ[8] की हवाख़्वाही[9] का दम भरने लगे ख़ैर[10] ऐ सौदाग़रो! अब है तो बस इस बात में वक़्त के फ़रमान[11] के आगे झुका दो गर्दनें

---

1. व्यापारी 2. दुनिया, ज़माना 3. भविष्य 4. मानव समुदाय 5. देश निकाला 6. दु:खी 7. सच्चाई 8. मानवता 9. समर्थन 10. भलाई 11. आदेश।

## (136)

बदलियाँ कितनी शादमानी[1] की
कितनी रातें फ़साना ख़्वानी[2] की

कितनी नींदें नई जवानी की कितनी धूमें बरसते पानी को

किस कदर बर्क़[3] किस क़दर बाराँ[4]
रेल की पटरियों में हैं ग़लताँ[5]

कितनी शमओं के मुर्दा परवाने
कितने भूले हुए ग़म अफ़साने

कितने अफ़सुर्दा[6] मातमी गाने
कितने ख़ाली दिनों के वीराने

कितनी आँखों के अश्क-हा-ए[7] रवाँ
रेल की पटरियों में हैं ग़लताँ

---

1. खुशी 2. कहानी सुनाने की 3. बिजली 4. वर्षा 5. लिपटी हुई 6. दुःख भरे 7. बहते आँसू।

## (137)

सोज़े-ग़म देके मुझे उसने ये इर्शाद[1] किया
जा तुझे कशमकशे-दहर[2] से आज़ाद किया

वो करें भी तो किन अल्फाज़ में तेरा शिकवा
जिन को तेरी निगहे लुत्फ़[3] ने बर्बाद किया

दिल की चोटों ने कभी चैन से रहने न दिया
जब चली सर्द हवा, मैं ने तुझे याद किया

ऐ मैं सौ जान से इस तर्ज़े तकल्लुम[4] के निसार
फिर तो फ़रमाइये, क्या आप ने इर्शाद किया

उस का रोना नहीं क्यों तुम ने किया दिल बर्बाद
उस का ग़म है कि बहुत देर में बर्बाद किया

इतना मानस हूं फ़ितरत[5] से, कली जब चटकी
झुक के मैं ने कहा, मुझ से कुछ इर्शाद किया

मुझ को तो होश नहीं, तुम को ख़बर हो शायद
लोग कहते हैं कि तुम ने मुझे बर्बाद किया

---

1. कहना 2. समय का संघर्ष 3. खुशी की नजर 4. कहने का तरीका 5. आदत

## (138)

मिला जो मौक़ा तो रोक दूंगा जलाल रोज़े हिसाब तेरा
पढ़ूंगा रहमत का वो क़सीदा कि हंस पड़ेगा इताब[1] तेरा

यही तो हैं दो सितूने-मोहकम[2], इन्हीं पे क़ायम है बज़्मे आलम
यही तो है राज़े-ख़ुल्दो आदम, निगाह मेरी शबाब तेरा

तमाम महफ़िल के रुबरु[3] गो, उठाईं नज़रें मिलाईं आंखें
समझ सका एक भी न लेकिन, सवाल मेरा, जवाब तेरा

इधर मेरा दिल तड़प रहा है तेरी जवानी की जुस्तुजू[4] में
उधर मिरे दिल की आरज़ू में मचल रहा है शबाब तेरा

करेगी दोनों का चाक[5] पर्दा, रहेगा दोनों को करके रुस्वा[6]
ये शोरिशे[7] ज़ौक़े-दीद मेरी, ये एहतिमामे-हिजाब[8] तेरा

भला हुआ "जोश" ने उठाया निगाह का चश्मे तर[9] से पर्दा
बला से जाती रहें गर आंखें, खुला तो बंद नक़ाब[10] तेरा

---

1. क्रोध 2. मजबूत आधार 3. सामने 4. खोज 5. फाड़ना 6. बदनाम 7. उपद्रव 8. शर्माना 9. भीगे नयन 10. पर्दा

## (139)

क़तरा क़तरा करके टपके माह-ओ-साल[1]
और यूँ जम करके भीगा बाल-बाल
और मानिन्द-ए-बुतान[2]-ए-नर्म गाम[3]
सर से गुज़रा कारवान-ए-सुबह-ओ-शाम[4]

और ख़ामोशी से वक़्त-ए-बर्क़-ए-पा[5]
मिस्ल-ए-शबनम[6] रूह में खपता रहा
और फिर दिल की खुशी खोते हुए
तजरबों[7] पर तजरबे होते रहे

अल-ग़रज़[8] हर आन दिल जलता रहा
कारवान-ए-ज़िन्दगी चलता रहा
आँसुओं से ज़र्फ़-ए-जाँ[9] भरता रहा
काम अपना ज़हर-ए-ग़म करता रहा

और फिर कुछ दिन के बाद ऐ हमनशीं[10]
दीदा-हाए-सुबह[11] थे जब सुर्मगीं[12]
अब्र[13]-ए-ग़म अर्ज़-ओ-समाँ[14] पर छा गया
आईना देखा तो दिल मुरझा गया

---

1. महीने और वर्ष 2. आहिस्ता चलने वाली सुन्दरियों की भाँति 3. बिजली के से पाँव वाला 4. सुबह और शाम का क़ाफ़ला 5. बिजली जैसे तेज-तेज़ गुज़रने वाला वक्त 6. ओस की तरह 7. अनुभव 8. अतः 9. जान का प्याला 10. दोस्त 11. सुबह की आँखें 12. सुरमे से भरी 13. ग़म के बादल 14. आकाश और धरती।

## (140)

छा गई बरसात की पहली घटा, अब क्या करूँ ?
ख़ौफ़ था जिस का वो आ पहुँची बला, अब क्या करूँ ?
हिज्र[1] को बहला चली थी गर्म मौसम की सुमूम[2]
ना-गहाँ[3] चलने लगी ठण्डी हवा, अब क्या करूँ ?

आँख उठी ही थी कि अब्र-ए-लाला-गूँ[4] की छाँव में
दर्द से कहने लगा कुछ झुटपुटा, अब क्या करूँ ?
अश्क अभी थमने न पाए थे कि बेदर्दी के साथ
बून्दियों से बोस्ताँ[5] बजने लगा, अब क्या करूँ ?

ज़ख़्म अब भरने न पाए थे कि बादल चर्ख़[6] पर
आ गया अँगड़ाइयाँ लेता हुआ, अब क्या करूँ ?
आ चुकी थी नींद-सी ग़म को कि मौसम ना-गहाँ[7]
बहर-ओ-बर[8] में करवटें लेने लगा, अब क्या करूँ ?

चर्ख़ की बे-रँगियों से सुस्त थी रफ़्तार-ए-ग़म
यक-ब-यक हर ज़र्रा गुलशन बन गया, अब क्या करूँ ?
क़ुफ़्ल-ए-बाब-ए-शौक़[9] थीं माहौल की ख़ामोशियाँ
दफ़अतन[10] काफ़िर पपीहा बोल उठा, अब क्या करूँ ?

हिज्र का सीने में कुछ कम हो चला था पेच-ओ-ताब[11]
बाल बिखराने लगी काली घटा, अब क्या करूँ ?
आँख झपकाने लगी थी दिल में याद-ए-लहन-ए-याद[12]
मोर की आने लगी बन से सदा, अब क्या करूँ ?

घट चला था ग़म की रँगीं बदलियों की आड़ से
उन का चेहरा सामने आने लगा अब क्या करूँ ?
आ रही हैं अब्र से उन की सदाएँ 'जोश' 'जोश'
ऐ ख़ुदा ! अब क्या करूँ, बार-ए-ख़ुदा ! अब क्या करूँ ?

---

1. वियोग 2. लू जिसी गर्म हवा 3. अचानक 4. लालिमा लिए हुए बादल 5. ख़ुशी के बाग़ 6. आसमान 7. अचानक 8. ज़मीन और पानी 9. प्रेमनगर का दरवाज़ा 10. अचानक 11. घुमाव 12. किसी चीज़ का बार-बार याद आना

## (141)

ख़ामोशी का समाँ है और मैं हूँ
दयार-ए-ख़ुफ़्तगाँ[1] है और मैं हूँ

कभी ख़ुद को भी इंसाँ काश समझे
ये सई-ए-रायगाँ[2] है और मैं हूँ

कहूँ किस से कि इस जमहूरियत में
हुजूम-ए-ख़सरवाँ[3] है और मैं हूँ

पड़ा हूँ इस तरफ़ धूनी रमाये
अताब-ए-रहरवाँ है और मैं हूँ

कहाँ है हम-ज़बाँ अल्लाह जाने
फ़क़त मेरी ज़बाँ है और मैं हूँ

ख़ामोशी है ज़मीं से आस्माँ तक
किसी की दास्ताँ है और मैं हूँ

क़यामत है ख़ुद अपने आशियाँ में
तलाश-ए-आशियाँ है और मैं हूँ

जहाँ एक जुर्म है याद-ए-बहाराँ
वो लाफ़ानी-ख़िज़ाँ[4] है और मैं हूँ

तरसती हैं ख़रीददारों की आँखें
जवाहिर की दुकाँ है और मैं हूँ

नहीं आती अब आवाज़-ए-जरस[5] भी
ग़ुबार-ए-कारवाँ [6] है और मैं हूँ

म'अल-ए-बंदगी [7] ऐ "जोश" तौबा
ख़ुदा-ए-मेहरबाँ है और मैं हूँ

---

1. सोये हुए लोगों का जहाँ 2. बेकार सी कोशिश 3. राजाओं की भीड़ 4. स्थायी पतझड़ 5. घंटियों की आवाज़ 6. कारवां के बाद उड़ती हुई धूल 7. किसी की पूजा का फल

## (142)

ज़िन्दगी ख़्वाबे-परीशाँ है कोई क्या जाने
मौत की लरज़िशे-मिज़्गाँ है कोई क्या जाने

रामिश-ओ-रंग[1] के ऐवान में लैला-ए-हयात
सिर्फ़ एक रात की मेहमाँ है कोई क्या जाने

गुलशने-ज़ीस्त के हर फूल की रंगीनी में
दजला-ए-ख़ूने-रगे-जाँ है कोई क्या जाने

रंग-ओ-आहंग से बजती हुई यादों की बरात
रहरवे-जादा-ए-निसियाँ[2] है कोई क्या जाने

---

1. संगीत और रंग 2. भूले हुए रास्तों का राही

## (143)

लोग कहते हैं कि मैं हूँ 'शायरे जादू बयाँ'[1]
सदर-ए- मआनी[2], 'दावर-ओ-अल्फाज़'[3], अमीरे-शायरां'[4]
और ख़ुद मेरा भी कल तक, ख़ैर से था ये ख़्याल

शायरी के फ़न में हूँ,मिनजुमला -ए-अहले -कमाल[5]
लेकिन अब आई हैं जब इक गूना मुझमें पुख़्तगी[6]
जेहन[7] के आईने पे काँपा हैं अक्स-ए-आगही[8]

आसमाँ जागा है सर में और सीने में जमीं
तब मुझे महसूस होता है कि मैं कुछ भी नहीं
जिहल की मंज़िल में था मुझको गुरूर-ए-आगही[9]

इतनी 'लामहदूद'[10] दुनिया और मेरी शायरी
'जुल्फे-हस्ती'[11] और इतने बेनिहायत पेचो-ख़म
उड़ गया 'रंगों तअल्ली'[12] खुल गया अपना भरम
मेरे शेरों में फ़क़त एक तायराना[13] रंग है
कुछ सियासी रंग है कुछ आशिकाना रंग है

कुछ 'मनाज़िर[14]' कुछ 'मबाहिस'[15] कुछ 'मसाइल[16]' कुछ ख़याल
एक उचटता सा जमाल[17] एक 'सर-ब-जानू[18]' सा ख़याल
मेरे 'कस्त्रे-शेर'[19] में 'गोगाए-फिक्रे-नातमाम'[20]
इक दर्द अंगेज दरमाँ[21] इक शिकस्त आमादा ज़ाम[22]
गाह सोजे चश्मे -अबरू[23],गाह सोजे नाओ नोश[24]

गाह खलवत[25] की ख़ामोशी,गाह जलवत[26] का खरोश
चहचहे[27] कुछ मौसमों के, जमजमे[28] कुछ ज़ाम के
देरे-दिल[29] में चंद मुखड़े 'मरमरी असनाम'[30] के

चंद जुल्फ़ों की सियाही,चंद रुखसारों [31] की आब
गाह 'हर्फ़े बेनवाई'[32] गाह शोरे इन्क़लाब
गाह मरने के अजायम[33] गाह जीने की उमंग
यही ओछी-सी बातें बस यही सतही से रंग

बेख़बर था मैं कि दुनिया राज़ अन्दर राज़ है
वो भी गहरी ख़ामोशी है जिसका नाम आवाज़ है
यह सुहाना बोसतां[34] सर्वो गुलो शमशाद[35] का
इक पल भर का खिलंदरापन है आबो-बाद[36] का
'इब्तिदा' और 'इंतिहा'[37] का इल्म नज़रों से निहाँ
टिमटिमाता सा दिया दो ज़ुल्मतों[38] के दर्मियाँ

'अंजुमन'[39] में 'तखलिए'[40] हैं 'तखलियों' में 'अंजुमन'
हर 'शिकन'[41] में इक 'खिंचावट'[42], हर 'खिंचावट ' में 'शिकन'
हर 'गुमाँ'[43] में इक 'यकीं'[44] सा हर 'यकीं ' में सौ 'गुमाँ '
नाखुने-तदबीर[45] में भी इक गुत्थी बे-अमां[46]
एक-एक 'गोशे'[47] से पैदा 'बुसअते-कोनो-मकाँ'[48]
एक -एक 'खोशे' में[49] पिन्हाँ 'सद-बहारे-जाविदाँ'[50]

'बर्क़' की लहरों की बुसअत[51] अल-हफीजो-अल-अमां'[52]
और मैं सिर्फ़ एक कोंदे की लपक का 'राजदाँ'[53]
'राजदाँ' 'क्या मदहख्वां'[54] और 'मदहख्वां' भी 'कमसवाद'[55]
'नाबलद-नादान-नावाकिफ-नादीदः -नामुराद'[56]

क्यों न फिर समझूँ 'सुबक'[57] अपने सुखन के रंग को
नुत्क[58] ने अलमास[59] के बदले तराशा संग[60] को
" लैला-ए-आफाक"[61] पलटती ही रही पैहम[62] निक़ाब
और यहाँ 'औरत' 'मनाज़िर'[63] 'इश्क' ' सहबा'[64] 'इन्कलाब'

पा रहा हूँ शायद अब इस 'तीरह'[65] हल्क़े से निज़ात
क्योंकि अब 'पेश-ए-नज़र' हैं 'उक्दा हाये-कायनात'[66]
ये भिंची उलझी जमीं ये 'पेच-दर-पेच' आसमाँ
'अल-अमानो-अल-अमानो-अल-अमानो-अल-अमां'[67]

इक 'नफ़स'[68] का तार और ये 'शोरे -उम्रे- जाविदाँ[69]
इक कड़ी और उसमें जंजीरों के इतने कारवाँ
एक-एक लम्हे में इतने 'कारवाने -इन्कलाब'
एक-एक जर्रे में इतने 'माहताब-ओ-आफ़ताब'[70]

इक 'सदा'[71] और उसमें ये लाखों हवाई दायरे[72]
जिसके 'शोबों'[73] को 'अगर चुनले तो दुनिया गूंज उठे
एक 'बूँद' और 'हफ्त -कुलज़म'[74] के हिला देने का जोश
एक गूंगा ख्वाब और ताबीर का इतना खरोश[75]
इक 'कली' और उसमें सदियों की 'मताअ-ए- रंगों-बू'[76]
सिर्फ एक 'लम्हे'[77] की राग में और 'करनों' का लहू[78]

हर कदम पर 'नस्ब'[79] और 'असरार' के इतने खयाम[80]
और इस मंजिल में मेरी शायरी मेरा कलाम
जिसमें 'राजे-आस्मां ' है और ना 'असरारे-जमीं
एक 'खस' एक 'दाना' एक 'जौ' एक 'ज़र्रा'[81] भी नहीं
'नौ-ए-इंसानी'[82] को जब मिल जाएगी 'रफ़्तार-ए-नूर'[83]

'शायरे-आज़म' का तब होगा कहीं जाकर 'ज़हूर'[84]
'खाक' से फूटेगी जब 'उम्रो-अबद'[85] की रौशनी
झाड़ देगी मौत को दामन से जिस दिन जिंदगी

जब हमारी जूतियों की 'गर्द' होगी 'कहकशां'[86]
तब जनेगी 'नस्ले-आदम'[87] 'शायरे-जादू-बयाँ'[88]
'बज़्म' में 'कामिल'[89] ना 'फन्ने-शेर ' में 'यकता'[90] हूँ में
और अगर कुछ हूँ तो ' नकीब-ए-शायरे-फ़रदां'[91] हूँ मैं

---

1. जादुई वर्णन का कवि 2. अर्थ-नीति-शिरोमणि 3. शब्दों का न्यायाधीश 4. कवियों का सरदार 5. अत्यंत प्रतिभाशाली कवियों में से एक 6. थोड़ी-सी प्रौढ़ता 7. मष्तिष्क 8. बुद्धि का प्रतिबिम्ब 9. बुद्धिमता का घमंड 10. असीम 11. सृष्टि रूपी केश 12. शेखी का रंग 13. छिछला 14. दृश्य, मंज़र का बहुवचन 15. तर्क 16. समस्याएँ 17. सौन्दर्य 18. तुच्छ चिंतन 19. शेरों के महल 20. अपूर्ण चिंतन का कोलाहल 21. ह्रदय विदारक इलाज़ 22. टूटने को तैयार प्याला 23. कभी नयन और भौंह की चिंता 24. खाने पीने की चिंता 25. एकांत 26. सभा 27. गान 28. झरने 29. ह्रदय मंदिर में 30. संगमरमर की मूर्तियाँ 31. कपोल 32. ग़रीबी की चर्चा 33. संकल्प 34. फुलवाड़ी 35. सुन्दर वृक्ष और पुष्प 36. बादल और धुआँ 37. आदि और अंत 38. अंधकार 39. सभा 40. एकांत 41. सलवट 42. तनाव 43. भ्रम 44. विश्वास 45. उपाय 46. अनंत पेच 47. रोम-रोम में 48. विशाल ब्रह्माण्ड 49. कण-कण में 50. सैंकड़ो शाश्वत ऋतुएँ 51. विद्युत् तरंगों की विशालता 52. ख़ुदा की पनाह 53. रहस्य का जानकार 54. गुण गायक 55. तुच्छ 56. अँधा, अनजान, मूर्ख 57. हल्का 58. वाक़ शक्ति 59. हीरे 60. पत्थर 61. संसार रूपी रात 62. निरंतर 63. दृश्य, मंज़र का बहुवचन 64. शराब 65. अंधकारमय 66. ब्रह्माण्ड के गूढ़ रहस्य 67. खुदा की पनाह 68. श्वास 69. अमर जीवन का शोर 70. चन्द्र और सूर्य 71. आवाज़ 72. विवर 73. टुकड़े 74. सात समंदर 75. स्वप्नफल 76. सुगंध और रंग की पूँजी 77. क्षण में 78. शताब्दियों का रक्त 79. गड़े हुए 80. रहस्य के खेमे 81. तिनका भर 82. मानव जाति 83. प्रकाश की गति 84. आविर्भाव 85. अमर जीवन 86. आकाश गंगा 87. मानव जाति 88. चमत्कारिक वर्णन का कवि 89. चिंतन में सिद्ध 90. काव्य कला में अद्वितीय 91. भविष्य के शायर का सूचक

## (144)

ख़ुशियाँ मनाने पर भी है मजबूर आदमी
आँसू बहाने पर भी है मजबूर आदमी
और मुस्कराने पर भी है मजबूर आदमी
दुनिया में आने पर भी है मजबूर आदमी
दुनिया से जाने पर भी है मजबूर आदमी
ऐ वाये आदमी[1]
मजबूरो-दिलशिकस्ता-ओ-रंजूर[2] आदमी
ऐ वाये आदमी

क्या बात आदमी की कहूँ तुझसे हमनशीं
इस नातवाँ के क़ब्ज़ा-ए-कुदरत में कुछ नहीं
रहता है गाह हुजरा-ए-एजाज़[3] में मकीं[4]
पर जिन्दगी उलटती है जिस वक़्त आस्तीं
इज़्ज़त गँवाने पर भी है मजबूर आदमी
ऐ वाये आदमी

इन्सान को हवस है जिये सूरते-खिंजर[5]
ऐसा कोई जतन हो कि बन जाइये अमर
ता-रोजे-हश्र मौत न फटके इधर-उधर
पर ज़ीस्त जब बदलती है करवट कराह कर
तो सर कटाने पर भी है मजबूर आदमी
ऐ वाये आदमी

दिल को बहुत है हँसने-हँसाने की आरज़ू
हर सुबहो-शाम जश्न मनाने की आरज़ू
गाने की और ढोल बजाने की आरज़ू
पीने की आरज़ू है पिलाने की आरज़ू
और ज़हर खाने पर भी है मजबूर आदमी
ऐ वाये आदमी

हर दिल में है निशातो-मसर्रत की तश्नगी
देखो जिसे वो चीख़ रहा है ख़ुशी, ख़ुशी
इस कारगाहे-फित्ना में लेकिन कभी-कभी
फ़रज़न्दे-नौजवानो-उरूसे-जमील[6] की
मय्यत उठाने पर भी है मजबूर आदमी
ऐ वाये आदमी

हर दिल का हुक्म है कि रफ़ाक़त[7] का दम भरो
अहबाब को हँसाओ मियाँ, आप भी हँसो
छूटे न दोस्ती का तअल्लुक़, जो हो सो हो
लेकिन ज़रा-सी देर में याराने-ख़ास को
ठोकर लगाने पर भी है मजबूर आदमी
ऐ वाये आदमी

मक्खी भी बैठ जाये कभी नाक पर अगर
ग़ैरत से हिलने लगता है मरदानगी का सर
इज़्ज़त पे हर्फ आये तो देता है बढ़ के सर
और गाह[8] रोज़ ग़ैर के बिस्तर पे रात भर
जोरू सुलाने पर भी है मजबूर आदमी

ऐ वाये आदमी

रिफ़अ़त-पसंद[9] है बहुत इन्सान का मिज़ाज
परचम उड़ा के शान से रखता है सर पे ताज
होता है ओछेपन के तसव्वुर से इख्तिलाज[10]
लेकिन हर इक गली में ब-फ़रमाने-एहतजाज[11]
बन्दर नचाने पर भी है मजबूर आदमी
ऐ वाये आदमी

दिल हाथ से निकलता है जिस बुत की चाल से
मौंजें लहू में उठती हैं जिसके ख़्याल से
सर पर पहाड़ गिरता है जिसके मलाल से
यारो कभी-कभी उसी रंगीं-जमाल[12] से
आँखें चुराने पर भी है मजबूर आदमी
ऐ वाये आदमी

---

1. वाह रे आदमी 2. विवश, भग्न हृदय, शोकग्रस्त 3. आध्यात्मिक उपासना की कोठरी 4. वासी 5. एक दीर्घ-आयु पैग़म्बर खिज्र की तरह 6. नौजवान बेटे और सुन्दर दुल्हन 7. मित्रता 8. कभी 9. ऊंचाई को पसन्द करने वाला 10. हृदय-कंपन 11. आज्ञानुसार 12. अति सुन्दरी

## (145)

बेहोशियों ने और ख़बरदार कर दिया
सोई जो अक़्ल रूह ने बेदार[1] कर दिया

अल्लाह रे हुस्न-ए-दोस्त की आईना-दारियाँ
अहल-ए-नज़र को नक़्श-ब-दीवार[2] कर दिया

या रब ये भेद क्या है कि राहत की फ़िक्र ने
इंसाँ को और ग़म में गिरफ़्तार कर दिया

दिल कुछ पनप चला था तग़ाफ़ुल[3] की रस्म से
फिर तेरे इल्तिफ़ात[4] ने बीमार कर दिया

कल उन के आगे शरह-ए-तमन्ना की आरज़ू
इतनी बढ़ी कि नुत्क़[5] को बेकार कर दिया

मुझ को वो बख़्शते थे दो आलम की नेमतें
मेरे ग़ुरूर-ए-इश्क़ ने इंकार कर दिया

ये देख कर कि उन को है रंगीनियों का शौक़
आँखों को हम ने दीदा-ए-ख़ूँ-बार कर दिया

---

1. जाग्रत 2. दीवार पर बनाया हुआ चित्र 3. लापरवाही 4. दया 5. वाणी

## (146)

इस बात की नहीं है कोई इंतिहा न पूछ
ऐ मुद्दआ-ए-ख़ल्क़ मिरा मुद्दआ न पूछ

क्या कह के फूल बनती हैं कलियाँ गुलाब की
ये राज़ मुझ से बुलबुल-ए-शीरीं-नवा न पूछ

जितने गदा-नवाज़[1] थे कब के गुज़र चुके
अब क्यूँ बिछाए बैठे हैं हम बोरिया न पूछ

पेश-ए-नज़र है पस्त-ओ-बुलंद-ए-रह-ए-जुनूँ
हम बे-ख़ुदों से क़िस्सा-ए-अर्ज़-ओ-समा न पूछ

सुम्बुल से वास्ता न चमन से मुनासिबत[2]
इस ज़ुल्फ़-ए-मुश्क-बार का हाल ऐ सबा न पूछ

सद महफ़िल-ए-नशात[3] है इक शेर-ए-दिल-नशीं
इस बर्बत-ए-सुख़न में है किस की सदा न पूछ

कर रहम मेरे जेब ओ गरेबाँ पे हम-नफ़स
चलती है कू-ए-यार[4] में क्यूँकर हवा न पूछ

रहता नहीं है दहर में जब कोई आसरा
उस वक़्त आदमी पे गुज़रती है क्या न पूछ

हर साँस में है चश्मा-ए-हैवान-ओ-सलसबील
फिर भी मैं तिश्ना-काम[5] हूँ ये माजरा न पूछ

बंदा तिरे वजूद का मुनकिर नहीं मगर
दुनिया ने क्या दिए हैं सबक़ ऐ ख़ुदा न पूछ

क्यूँ 'जोश' राज़-ए-दोस्त की करता है जुस्तुजू
कह दो कोई कि शाह का हाल ऐ गदा न पूछ

---

1. फकीरों को पालने वाला 2. संबंध 3. शादी का जश्न 4. यार की गली 5. असफल 6. इंकार करना

## (147)

फिर सर किसी के दर पे झुकाए हुए हैं हम
पर्दे फिर आसमाँ के उठाए हुए हैं हम

छाई हुई है इश्क़ की फिर दिल पे बे-ख़ुदी
फिर ज़िंदगी को होश में लाए हुए हैं हम

जिस का हर एक जुज़्व[1] है इक्सीर-ए-ज़िंदगी
फिर ख़ाक में वो जिंस मिलाए हुए हैं हम

हाँ कौन पूछता है ख़ुशी का नहुफ़्ता राज़
फिर ग़म का बार दिल पे उठाए हुए हैं हम

हाँ कौन दर्स-ए-इश्क़-ए-जुनूँ का है ख़्वास्त-गार[2]
आए कि हर सबक़ को भुलाए हुए हैं हम

आए जिसे हो जादा-ए-रिफ़अत की आरज़ू
फिर सर किसी के दर पे झुकाए हुए हैं हम

बैअत को आए जिस को हो तहक़ीक़[3] का ख़याल
कौन-ओ-मकाँ के राज़ को पाए हुए हैं हम

हस्ती के दाम-ए-सख़्त से उकता गया है कौन
कह दो कि फिर गिरफ़्त में आए हुए हैं हम

हाँ किस के पा-ए-दिल में है ज़ंजीर-ए-आब-ओ-गिल
कह दो कि दाम-ए-ज़ुल्फ़[4] में आए हुए हैं हम

हाँ किस को जुस्तुजू है नसीम-ए-फ़राग़ की
आसूदगी[5] को आग लगाए हुए हैं हम

हाँ किस को सैर-ए-अर्ज़-ओ-समा का है इश्तियाक़
धूनी फिर उस गली में रमाए हुए हैं हम

जिस पर निसार कौन-ओ-मकाँ की हक़ीक़तें
फिर 'जोश' उस फ़रेब में आए हुए हैं हम

---

1. हिस्सा 2. शादी का उम्मीदवार 3. जांच पड़ताल 4. बालों की लट 5. संतोष

## (148)

वो सब्र दे कि न दे जिस ने बे-क़रार किया
बस अब तुम्हीं पे चलो हम ने इंहिसार[1] किया

तुम्हारा ज़िक्र नहीं है तुम्हारा नाम नहीं
किया नसीब का शिकवा हज़ार बार किया

सुबूत है ये मोहब्बत की सादा-लौही[2] का
जब उस ने वअ'दा किया हम ने ए'तिबार किया

मआल[3] हम ने जो देखा सुकून ओ जुम्बिश का
तो कुछ समझ के तड़पना ही इख़्तियार किया

मिरे ख़ुदा ने मिरे सब गुनाह बख़्श दिए
किसी का रात को यूँ मैं ने इंतिज़ार किया

---

1. निर्भर होना 2. सादगी 3. अंत

## (149)

सारी दुनिया है एक पर्दा-ए-राज़
उफ़ रे तेरे हिजाब के अंदाज़

मौत को अहल-ए-दिल समझते हैं
ज़िंदगानी-ए-इश्क़ का आग़ाज़[1]

मर के पाया शहीद का रुत्बा[2]
मेरी इस ज़िंदगी की उम्र दराज़[3]

कोई आया तिरी झलक देखी
कोई बोला सुनी तिरी आवाज़

हम से क्या पूछते हो हम क्या हैं
इक बयाबाँ में गुम-शुदा आवाज़

तेरे अनवार[4] से लबालब है
दिल का सब से अमीक़[5] गोशा-ए-राज़

आ रही है सदा-ए-हातिफ़-ए-ग़ैब
'जोश' हमता-ए-हाफ़िज़-ए-शीराज़

---

1. आरम्भ 2. मुकाम 3. लम्बी 4. रोशनी 5. गंभीर

## (150)

उधर मज़हब इधर इंसाँ की फ़ितरत[1] का तक़ाज़ा[2] है
वो दामान-ए-मह-ए-कनआँ है ये दस्त-ए-ज़ुलेख़ा है

इधर तेरी मशिय्यत[3] है उधर हिकमत रसूलों की
इलाही आदमी के बाब में क्या हुक्म होता है

ये माना दोनों ही धोके हैं रिंदी हो कि दरवेशी[4]
मगर ये देखना है कौन सा रंगीन धोका है

खिलौना तो निहायत शोख़ ओ रंगीं है तमद्दुन[5] का
मुआर्रिफ़ मैं भी हूँ लेकिन खिलौना फिर खिलौना है

मिरे आगे तो अब कुछ दिन से हर आँसू मोहब्बत का
कनार-ए-आब-ए-रुक्नाबाद ओ गुलगश्त-ए-मुसल्ला है

मुझे मालूम है जो कुछ तमन्ना है रसूलों की
मगर क्या दर-हक़ीक़त वो ख़ुदा की भी तमन्ना है

मशिय्यत खेलना ज़ेबा नहीं मेरी बसीरत से
उठा ले इन खिलौनों को ये दुनिया है वो उक़्बा है

---

1. आदत 2. मांग 3. इच्छा 4. गरीबी 5. किसी देश का नागरिक, किसी देश की वेश भूषा

## (151)

ये बात ये तबस्सुम[1] ये नाज़[2] ये निगाहें
आख़िर तुम्हीं बताओ क्यूँकर न तुम को चाहें

अब सर उठा के मैं ने शिकवों से हात[3] उठाया
मर जाऊँगा सितमगर नीची न कर निगाहें

कुछ गुल ही से नहीं है रूह-ए-नुमू को रग़बत[4]
गर्दन में ख़ार की भी डाले हुए है बाँहें

अल्लाह री दिल-फ़रेबी जल्वों के बाँकपन की
महफ़िल में वो जो आए कज हो गईं कुलाहें

ये बज़्म 'जोश' किस के जल्वों की रहगुज़र है
हर ज़र्रे में हैं ग़लताँ उठती हुई निगाहें

---

1. मुस्कराहट 2. अदा 3. बाजू 4. इच्छा

## (152)

आ फ़स्ल-ए-गुल[1] है ग़र्क़-ए-तमन्ना तिरे लिए
डूबा हुआ है रंग में सहरा तिरे लिए

साहिल पे सर्व-ए-नाज़ को दे ज़हमत-ए-ख़िराम
बल खा रहा है ख़ाक पे दरिया तिरे लिए

ईफ़ा-ए-अहद[2] कर कि है मुद्दत से बे-क़रार
रूह-ए-वफ़ा-ए-वादा-ए-फ़र्दा तिरे लिए

शानों पे अब तो काकुल-ए-शब-रंग खोल दे
बिखरी हुई है ज़ुल्फ़-ए-तमन्ना तिरे लिए

उठ चश्म-ए-जावेदाना-ए-साग़र-फ़रोश उठ
मचली हुई है लर्ज़िश-ए-सहबा तिरे लिए

ऐ आफ़्ताब-ए-जल्वा-ए-जानाँ बुलंद हो
खोया हुआ है मतला-ए-दुनिया तिरे लिए

मौज-ए-शमीम-ए-सुम्बुल-ओ-रैहाँ के दरमियाँ
वा है मुसाहिबत का दरीचा तिरे लिए

आ और दाद दे कि ब-ईं चश्म-ए-हक़्क़-निगर
खाए हुए हूँ ज़ीस्त का धोका तिरे लिए

सब्ज़े का फ़र्श अब्र[3] का ख़ेमा गुलों का इत्र
गुलशन में एहतिमाम[4] है क्या क्या तिरे लिए

तुग़्यान-ए-गुल शबाब पे बुलबुल ख़रोश में

इक हश्र सा है बाग़ में बरपा तिरे लिए

'जोश' और नंग-ए-ख़िदमत-ए-सुल्तान ओ पास-ए-होश
ये भी किए हुए है गवारा तिरे लिए

---

1. वसंत ऋतु 2. प्रतिज्ञा का पालन 3. बादल 4. आयोजित करना

## (153)

काफ़िर बनूँगा कुफ़्र[1] का सामाँ तो कीजिए
पहले घनेरी ज़ुल्फ़ परेशाँ तो कीजिए

उस नाज़-ए-होश को कि है मूसा पे ताना-ज़न
इक दिन नक़ाब उलट के पशीमाँ तो कीजिए

उश्शाक़ बंदगान-ए-ख़ुदा हैं ख़ुदा नहीं
थोड़ा सा नर्ख़-ए-हुस्न को अर्ज़ां[2] तो कीजिए

क़ुदरत को ख़ुद है हुस्न के अल्फ़ाज़ का लिहाज़[3]
ईफ़ा भी हो ही जाएगा पैमाँ तो कीजिए

ता-चंद रस्म-ए-जामा-दरी की हिकायतें[4]
तकलीफ़ यक-तबस्सुम-ए-पिन्हाँ तो कीजिए

यूँ सर न होगी 'जोश' कभी इश्क़ की मुहिम
दिल को ख़िरद से दस्त-ओ-गरेबाँ तो कीजिए

---

1. छिपाना 2. अधिक 3. सम्मान 4. दलील छांटना

## (154)

नक़्श-ए-ख़याल दिल से मिटाया नहीं हनूज़
बे-दर्द मैं ने तुझ को भुलाया नहीं हनूज़

वो सर जो तेरी राहगुज़र में था सज्दा-रेज़
मैं ने किसी क़दम पे झुकाया नहीं हनूज़

मेहराब-ए-जाँ में तू ने जलाया था ख़ुद जिसे
सीने का वो चराग़ बुझाया नहीं हनूज़

बेहोश हो के जल्द तुझे होश आ गया
मैं बद-नसीब होश में आया नहीं हनूज़

मर कर भी आएगी ये सदा क़ब्र-ए-'जोश' से
बे-दर्द मैं ने तुझ को भुलाया नहीं हनूज़

सरशार[1] हूँ सरशार है दुनिया मिरे आगे
कौनैन[2] है इक लर्ज़िश-ए-सहबा मिरे आगे

हर नज्म है इक आरिज़-ए-रौशन मिरे नज़दीक
हर ज़र्रा है इक दीदा-ए-बीना[3] मिरे आगे

हर जाम है नज़्ज़ारा-ए-कौसर मिरे हक़ में
हर गाम है गुलगश्त-ए-मुसल्ला मिरे आगे

हर फूल है लाल-ए-शकर-अफ़्शाँ की हिकायत[4]
हर ग़ुंचा है इक हर्फ़-ए-तमन्ना मिरे आगे

इक मज़हका[5] है पुर्सिश-ए-उक़्बा मिरे नज़दीक
इक वहम है अंदेशा-ए-फ़र्दा मिरे आगे

हों कितनी ही तारीक शब-ए-ज़ीस्त की राहें
इक नूर सा रहता है झलकता मिरे आगे

मैं और डरूँ सौलत-ए-दुनिया-ए-दनी से
ख़ुद लरज़ा-बर-अंदाम है दुनिया मिरे आगे

झुकता है ब-सद इज्ज़ कलीसा मिरे दर पर
आता है लरज़ता हुआ काबा मिरे आगे

पैमाने से जिस वक़्त छलक जाती है सहबा
लहराता है इक हुस्न का दरिया मिरे आगे

जब चाँद झमकता है मिरे साग़र-ए-ज़र में
चलता नहीं ख़ुर्शीद[6] का दावा मिरे आगे

जब झूम के मीना को उठाता हूँ घटा में
हिलता है सर-ए-गुम्बद-ए-मीना मिरे आगे

आती है दुल्हन बन के मशिय्यत की जिलौ में
आवारगी-ए-आदम-ओ-हव्वा मिरे आगे

पैमाने पे जिस वक़्त झुकाता हूँ सुराही
झुकता है सर-ए-आलम-ए-बाला मिरे आगे

पहलू में है इक ज़ोहरा-जबीं हाथ में साग़र
इस वक़्त न दुनिया है न उक़्बा मिरे आगे

'जोश' उठती है दुश्मन की नज़र जब मिरी जानिब
खुलता है मोहब्बत का दरीचा मिरे आगे

---

1. नशे में चूर 2. दोनों जहान 3. सक्षम 4. किस्सा 5. व्यंग्य करना 6. सूरज

## (155)

फ़िक्र ही ठहरी तो दिल को फ़िक्र-ए-ख़ूबाँ क्यूँ न हो
ख़ाक होना है तो ख़ाक-ए-कू-ए-जानाँ क्यूँ न हो

दहर[1] में ऐ ख़्वाजा ठहरी जब असीरी ना-गुज़ीर
दिल असीर-ए-हल्क़ा-ए-गेसू-ए-पेचाँ क्यूँ न हो

ज़ीस्त है जब मुस्तक़िल[2] आवारागर्दी ही का नाम
अक़्ल वालो फिर तवाफ़-ए-कू-ए-जानाँ क्यूँ न हो

जब नहीं मस्तूरियों में भी गुनाहों से नजात
दिल खुले बंदों ग़रीक़-ए-बहर-ए-इसयाँ क्यूँ न हो

इक न इक हंगामे पर मौक़ूफ़[3] है जब ज़िंदगी
मय-कदे में रिंद रक़्साँ ओ ग़ज़ल-ख़्वाँ क्यूँ न हो

जब ख़ुश ओ ना-ख़ुश किसी के हाथ में देना है हाथ
हम-नशीं फिर बैअत-ए-जाम-ए-ज़र-अफ़्शाँ क्यूँ न हो

जब बशर की दस्तरस[4] से दूर है हब्लुल-मतीं
दश्त-ए-वहशत में फिर इक काफ़िर का दामाँ क्यूँ न हो

एक है जब शोर-ए-जह्ल ओ बाँग-ए-हिकमत का मआल
दिल हलाक-ए-ज़ौक़-ए-गुलबाँग-ए-परेशाँ क्यूँ न हो

इक न इक रिफ़अत के आगे सज्दा लाज़िम है तो फिर
आदमी महव-ए-सुजूद-ए-सर्व-ए-ख़ूबाँ क्यूँ न हो

इक न इक फंदे ही में फँसना है जब इंसान को
दोश पर दाम-ए-सियाह-ए-सुम्बुलिस्ताँ क्यूँ न हो

जब फ़रेबों में ही रहना है तो ऐ अहल-ए-ख़िरद[5]
लज़्ज़त-ए-पैमान बार-ए-सुस्त-पैमाँ क्यूँ न हो

याँ जब आवेज़िश[6] ही ठहरी है तो ज़र्रे छोड़ कर
आदमी ख़ुर्शीद से दस्त-ओ-गरेबाँ क्यूँ न हो

इक न इक ज़ुल्मत से जब वाबस्ता रहना है तो 'जोश'
ज़िंदगी पर साया-ए-ज़ुल्फ़-ए-परेशाँ क्यूँ न हो

---

1. संसार 2. स्थाई 3. निलंबित 4. पहुँच 5. बुद्धिजीवी 6. हाथापाई

## (156)

हैरत है आह-ए-सुब्ह[1] को सारी फ़ज़ा सुने
लेकिन ज़मीं पे बुत न फ़लक पर ख़ुदा सुने

फ़रियाद-ए-अंदलीब से काँपे तमाम बाग़
लेकिन न गुल न ग़ुंचा न बाद-ए-सबा[2] सुने

ख़ुद अपनी ही सदाओं से गूँजे हुए हैं कान
कोई किसी की बात सुने भी तो क्या सुने

ये भी अजब तिलिस्म है ऐ शोरिश-ए-हयात
दर्द-आश्ना[3] की बात न दर्द-आश्ना सुने

शाहों के दिल तो संग हैं शाहों का ज़िक्र क्या
ये भी नहीं कि हाल गदा का गदा सुने

आलम है ये कि गोश-ए-बशर तक है बे-नियाज़
होना था ये कि बंदा कहे और ख़ुदा सुने

सुनते भी हैं जो लोग तो यूँ दास्तान-ए-ग़म[4]
जैसे यज़ीद सानहा-ए-कर्बला सुने

हाँ ऐ ख़ुदा-ए-अर्श-ए-बरीं ओ बुतान-ए-फ़र्श
तुम में से हो कोई तो मिरा माजरा सुने

पश्मीना-पोश राह-नशीनों की इल्तिजा[5]
शायद कभी वो शाहिद-ए-अतलस-क़बा सुने

हम नादिर ओ यज़ीद न हज्जाज हैं न शिम्र
अल्लाह और 'जोश' हमारी दुआ सुने

---

1. सुबह की हवा 2. सुबह की पूर्वा हवा 3. दुख दर्द से परिचित 4. दुःख की कहानी 5. प्रार्थना

## (157)

आओ काबे से उठें सू-ए-सनम-ख़ाना चलें
ताबा-ए-फ़क्र कहे सवलत-ए-शाहाना चलें

काँप उठे बारगह-ए-सर-ए-अफ़ाफ़-ए-मलकूत
यूँ मआसी का लुंढाते हुए पैमाना चलें

आओ ऐ ज़मज़मा-संजान-ए-सरा पर्दा-ए-गुल
ब-हवा-ए-नफ़स-ए-ताज़ा-ए-जानाना चलें

गिर्या-ए-नीम-शब ओ आह-ए-सहर-गाही को
चंग ओ बरबत पे नचाते हुए तुरकाना[1] चलें

तो न महसूस हो वामांदगी-ए-राह-ए-दराज़
ज़ुल्फ़-ए-ख़ूबाँ का सुनाते हुए अफ़्साना चलें

फेंक कर सुब्हा ओ सज्जादा ओ दस्तार[2] ओ कुलाह[3]
ब रबाब ओ दफ़ ओ तम्बूरा ओ पैमाना चलें

नग़मा ओ साग़र ओ ताऊस[4] ओ ग़ज़ल के हमराह
सू-ए-ख़ुम-ख़ाना पय-ए-सज्दा-ए-रिन्दाना चलें

ख़ुश्क ज़र्रों पे मचल जाए शमीम[5] ओ तसनीम[6]
सब्त करते हुए यूँ लग़्ज़िश-ए-मस्ताना चलें

दामन-ए-'जोश' में फिर भर के मता-ए-कौनैन
ख़िदमत-ए-पीर-ए-मुग़ाँ में पय-ए-नज़राना चलें

---

1. तर्क जैसा 2. टोपी 3. मुकुट 4. मोर 5. खुशबू 6. स्वर्ग की एक नहर

## (158)

ऐश की जानिब जो माइल[1] कुछ तबीअ'त हो गई
दिल पे ग़ुस्सा आ गया अपने से नफ़रत हो गई

मुझ को ख़ुद अपनी तबाही पर तरस आता नहीं
ख़ूगर-ए-ग़म इस क़दर अब तो तबीअ'त हो गई

आई जब स्टेज पर दुनिया तो दिल ख़ुश हो गया
जब उठा अंजाम का पर्दा तो नफ़रत हो गई

आ गईं जुम्बिश में तस्लीम-ओ-रज़ा[2] की क़ुव्वतें
लब मिले ही थे पए शिकवा कि आफ़त हो गई

इस्तिलाह-ए-बंदगी में रूह हैं तारों की 'जोश'
चंद ज़र्रे जिन से पेशानी की ज़ीनत[3] हो गई

---

1. आकर्षित 2. अपने आपको खुदा के हवाले करना 3. श्रृंगार

## (159)

ज़ालिम ये ख़मोशी बेजा[1] है इक़रार नहीं इंकार तो हो
इक आह तो निकले तोड़ के दिल नग़्मे न सही झंकार तो हो

हर साँस में सदहा नग़्मे हैं हर ज़र्रे में लाखों जल्वे हैं
जाँ महव-ए-रुमूज़-ए-साज़ तो हो दिल जल्वा-गह-ए-अनवार तो हो

शाख़ों की लचक हर फ़स्ल में है साक़ी की झलक हर रंग में है
साग़र की खनक हर ज़र्फ़[2] में है मख़्मूर तो हो सरशार[3] तो हो

क्यूँकर न शब-ए-मह रौशन हो क्यूँ सुब्ह न दामन चाक करे
कुछ वस्फ़-ए-रुमूज़-ए-हुस्न तो हो कुछ शरह-ए-जमाल-ए-यार तो हो

सीने में ख़ताएँ मुज़्तर हैं इनआम का वो इक़रार करें
मंसूर हज़ारों अब भी हैं ऐ 'जोश' सिले में दार तो हो

---

1. अनुचित 2. बर्तन 3. मदहोश

## (160)

मुझ से साक़ी ने कही रात को क्या बात ऐ 'जोश'
यानी अज़दाद हैं परवरदा-ए-यक-ज़ात ऐ 'जोश'

मस्त ओ बेगाना गुज़र जा कुरा-ए-ख़ाकी से
ये तो है रहगुज़र-ए-सैल-ए-ख़यालात ऐ 'जोश'

और तो और ख़ुद इंसान बहा जाता है
कितना पुर-हौल[1] है तूफ़ान-ए-रिवायात[2] ऐ 'जोश'

लोग कहते हैं हिजाबात नहीं जुज़ आयात
किस से कहिए कि ये आयात हैं ख़ुद ज़ात ऐ 'जोश'

अहल-ए-अल्फ़ाज़ शरीअत पे मिटे जाते हैं
किस को समझाऊँ मशिय्यत[3] के इशारात[4] ऐ 'जोश'

देखिए सुब्ह-ए-जुनूँ ज़ेहन में कब तालए हो
अक़्ल सुनता हूँ कि है इक अबदी रात ऐ 'जोश'

क़ुव्वत-ए-कल के मसालेह से और इतने बद-ज़न
वाए बर-दग़दग़ा-ए-अहल-ए-मुनाजात ऐ 'जोश'

साग़र-ए-मय ही में होता है तुलू[5] और ग़ुरूब[6]
आफ़रीं बर-दिल-ए-रिन्दान-ए-ख़राबात ऐ 'जोश'

कौन मानेगा कि हैं ऐन-ए-मशिय्यत वल्लाह
ज़िंदगानी के ये बिगड़े हुए आदात ऐ 'जोश'

तुझ को क्या फ़क़्र में राहत है कि शाही में फ़राग़
तू तो है ख़ल्वती-ए-पीर-ए-ख़राबात ऐ 'जोश'

---

1. खौफनाक 2. तूफ़ान का रुकना 3. इच्छा 4. इशारे 5. निकलना 6. छिपना

## (161)

गुदाज़-ए-दिल से बातिन[1] का तजल्ली-ज़ार हो जाना
मोहब्बत अस्ल में है रूह का बेदार[2] हो जाना

नवेद-ए-ऐश से ऐ दिल ज़रा हुश्यार हो जाना
किसी ताज़ा मुसीबत के लिए तय्यार हो जाना

वो उन के दिल में शौक़-ए-ख़ुद-नुमाई का ख़याल आना
वो हर शय का तबस्सुम के लिए तय्यार हो जाना

मिज़ाज-ए-हुस्न को अब भी न समझो तो क़यामत है
हमारा और वफ़ा के नाम से बे-ज़ार हो जाना

सहर का इस तरह अंगड़ाई लेना दिल-फ़रेबी से
उधर शाइर के महसूसात[3] का बेदार हो जाना

तवस्सुल[4] से तिरे दिल में भरूँगा क़ुव्वतें बर्क़ी
ज़रा मेरी तरफ़ भी ऐ निगाह-ए-यार हो जाना

वो आराइश[5] में सब क़ुव्वत किसी का सर्फ़ कर देना
तहम्मुल में वो हर कोशिश मिरी बेकार हो जाना

मआज़-अल्लाह अब ये रंग है दुनिया की महफ़िल का
ख़ुदा का नाम लेना और ज़लील ओ ख़्वार हो जाना

रगों से ख़ून सारा ज़हर बन कर फूट निकलेगा
ज़रा ऐ 'जोश' ज़ब्त-ए-शौक़ से हुश्यार हो जाना

---

1. अंतरात्मा 2. जाग्रत 3. अनुभूतियाँ 4. मिलन 5. सजावट

## (162)

दोस्तो वक़्त है फिर ज़ख़्म-ए-जिगर ताज़ा करें
पर्दा जुम्बिश में है फिर आओ नज़र ताज़ा करें

ता-कुजा[1] नाला-ए-ग़ुर्बत कि चली बाद-ए-शिमाल
दिल में फिर ज़मज़मा-ए-अज़्म-ए-सफ़र ताज़ा करें

आओ फिर धूम से हो आज ग़ुरूब[2] और तुलू[3]
सुन्नत-ए-बंदगी-ए-शम्स-ओ-क़मर ताज़ा करें

आओ चल कर रुख़-ए-ना-शुस्ता को देखें दम-ए-सुब्ह
मौज-ए-रंग-ए-उफ़ुक़ ओ नूर-ए-सहर ताज़ा करें

कुलह-ए-फ़क्र को कज[4] कर के सर-ए-बज़्म-ए-नशात
आओ रस्म-ए-कोहन-ए-ताज-ओ-कमर ताज़ा करें

आओ फिर जल्वा-ए-जानाँ पे लुटा दें कौनैन[5]
शुग़ल-ए-पारीना-ए-अरबाब-ए-नज़र ताज़ा करें

तबक़-ए-ज़र में लगा कर प-ए-नज़र-ए-जानाँ
आओ फिर आबरू-ए-लाल-ओ-गुहर ताज़ा करें

आओ फिर 'जोश' को दे कर लक़ब-ए-शाह-ए-सुख़न
दिल-ओ-दीन-ए-सुख़न ओ जान-ए-हुनर ताज़ा करें

---

1. कब तक 2. छिपना 3. निकलना 4. टेढ़ा 5. दोनों जहान

## (163)

सुबू[1] उठा कि फ़ज़ा सीम-ए-ख़ाम[2] है साक़ी
फ़राज़-ए-कोह पे माह-ए-तमाम है साक़ी

चुने हुए हैं प्याले झुकी हुई बोतल
नया क़ूऊद निराला क़याम है साक़ी

ब-नाज़-ए-मुग़बचान ओ ब-फ़ैज़-ए-नारा-ए-हू
हुमा-ए-अर्ज़-ओ-समा ज़ेर-ए-दाम है साक़ी

फ़ज़ा पे नहर-ए-पुर-अफ़शान-ए-ताब हूर ओ तुहूर
ग़िना में शहर-ए-क़ूसूर-ओ-ख़याम है साक़ी

ये कौन शाहिद-ए-मस्ती-फ़रोश ओ नग़मा-नवाज़[3]
नफ़स के तार पे गर्म-ए-ख़िराम है साक़ी

न इस्म[4] ओ जिस्म न हर्फ़ ओ नफ़स न साया ओ नक़्ल
ये क्या तिलिस्म ये कैसा मक़ाम है साक़ी

रुके न दौर कि अब तक ब-ज़ेर-ए-चर्ख़-ए-कबूद
रिया हलाल है सहबा हराम है साक़ी

ब-नाम-ए-आदम-ओ-हव्वा पिला कि गर्म-ए-सुरूद
नसीम-ए-रोज़ा-ए-दारुस-सलाम है साक़ी

सुबू-ए-क़िला-शिकन की सिपर इनायत कर
कि तेग़-ए-दौर-ए-ज़माँ बे-नियाम है साक़ी

अगर ग़िज़ा-ए-ख़याल-ओ-नज़र से है महरूम
हयात-ए-ज़ेहन का माह-ए-सियाम[5] है साक़ी

तमाम दौलत-ए-दुनिया-ओ-दीं पे भारी है
वो दिल जो बस्ता-ए-हुब्ब-ए-अनाम है साक़ी

अजब नहीं कि तुझे भी पसंद आए ये क़ौल
झुके न दिल तो इबादत हराम है साक़ी

सिफ़ात ओ ज़ात के ऐवान-ए-रूह-परवर तक
सुबू से फ़ासला-ए-नीम-गाम है साक़ी

---

1. शराब का गिलास 2. चांदनी 3. गाना अलापने वाला 4. नाम 5. रमजान का महीना

## (164)

आज़ादा-मनिश रह दुनिया में परवा-ए-उम्मीद-ओ-बीम न कर
जब तक न मिलें फ़ितरत के क़दम ख़म देख सर-ए-तस्लीम न कर

सीने में है उस के सोज़[1] अगर शैताँ के क़दम ले आँखों पर
बेगाना-ए-दर्द-ए-दिल है अगर जिबरील की भी ताज़ीम न कर

कितनी ही शुआएँ अब्र में हों ख़ुर्शीद-ए-जुनूँ पर ईमाँ ला
कितने ही दलाएल रौशन हों दानिश को कभी तस्लीम न कर

साँचों में बराबर ढलता जा रफ़्तार-ए-जहाँ से फेर न मुँह
तनसीख़[2] तो क्या इस दफ़्तर में जीना है तो कुछ तरमीम[3] न कर

ऐ 'जोश' हुजूम-ए-कुल्फ़त में फ़रियाद ओ फ़ुग़ाँ से काम न ले
घट जाएगा इस से दिल का असर अजज़ा-ए-तपिश तक़्सीम न कर

---

1. जलन 2. नष्ट करना 3. परिवर्तन करना

## (165)

सुबूह बालीं[1] पे ये कहता हुआ ग़म-ख़्वार आया
उठ कि फ़रियाद-रस-ए-आशिक़-ए-बीमार आया

बख़्त-ए-ख़्वाबीदा गया ज़ुल्मत-ए-शब[2] के हमराह
सुब्ह का नूर लिए दौलत-ए-बेदार आया

ख़ैर से बाग़ में फिर ग़ुंचा-ए-गुल-रंग खिला
शुक्र है दौर में फिर साग़र-ए-सरशार[3] आया

झूम ऐ तिश्ना-ए-गुल-बाँग निगार-ए-इशरत
कि लब-ए-यार लिए चश्मा-ए-गुफ़्तार आया

शुक्र-ए-ईज़द कि वो सरख़ैल-ए-मसीहा-नफ़साँ
ज़ुल्फ़ बर-दोश पा-ए-पुर्सिश-ए-बीमार आया

रुख़्सत ऐ शिकवा-ए-क़िस्मत कि सर-ए-बज़्म-ए-नशात
नासिख़-ए-मसअला-ए-अन्दक-ओ-बिस्यार आया

लिल्लाहिल-हम्द कि गुलज़ार में हंगाम-ए-सुबूह
हुक्म-ए-आज़ादी-ए-मुर्ग़ान-ए-गिरफ़्तार आया

ग़ुंचा-ए-बस्ता चटक जाग उठी मौज-ए-सबा
शोला-ए-हुस्न भड़क मिस्र का बाज़ार आया

ख़ुश हो ऐ इश्क़ कि फिर हुस्न हुआ माइल-ए-नाज़
मुज़्दा ऐ जिंस-ए-मोहब्बत कि ख़रीदार आया

ऐ नज़र शुक्र बजा ला कि खुली ज़ुल्फ़-ए-दराज़[4]
ऐ सदफ़ आँख उठा अब्र-ए-गुहर-बार आया

बादबाँ नाज़ से लहरा के चली बाद-ए-मुराद[5]
कारवाँ ईद मना क़ाफ़िला-सालार आया

ख़ुश हो ऐ गोश कि जिब्रील-ए-तरन्नुम चहका
मुज़्दा ऐ चश्म कि पैग़म्बर-ए-अनवार आया

ख़ुश हो ऐ पीर-ए-मुग़ाँ 'जोश' हुआ नग़्मा-फ़रोश[6]
मुज़्दा ऐ दुख़्तर-ए-रज़ रिंद-ए-क़दह-ख़्वार आया

---

1. तकिया 2. रात का अँधेरा 3. शराब से लबालब प्याला 4. लम्बे बाल 5. कामना और इच्छा की हवा 6. गाना गाने में मग्न

## (166)

अपने में जो अब भूले से कभी राहत का तक़ाज़ा पाता है
हालात पे मेरे कर के नज़र दिल मुझ से बहुत शरमाता है

उलझन में यकायक होती है दम रुकता है दिल भर आता है
जब कोई तसल्ली देता है कुछ और भी जी घबराता है

आराम सरकने वाला है किस शय पे ये ग़र्रा[1] है तुझ को
दुनिया ये बदलने वाली है किस चीज़ पे तू इतराता है

एलान सहर को होता है यूँ हुस्न की शाहंशाही का
गर्दूं[2] पे सुनहरा इक परचम मशरिक़[3] की तरफ़ लहराता है

अंदाज़-ओ-अदा से ऐ दुनिया तू लाख सँवर कर सामने आ
ये 'जोश' फ़क़ीर आज़ाद-मनश[4] जब ध्यान में तुझ को लाता है

---

1. घमंड 2. आकाश 3. पश्चिम 4. स्वतंत्र स्वभाव वाला

## (167)

फिर आश्ना-ए-लज्ज़त-ए-दर्द-ए-जिगर हैं हम
फिर महरम-ए-कशाकश-ए-हर-ख़ैर-ओ-शर हैं हम

हर साँस दे रही है ख़बर काएनात की
फिर बादा-ए-जमाल[1] से यूँ बे-ख़बर हैं हम

फिर इश्क़ की नज़र में है माशूक़ियत का नाज़
फिर हुस्न-ए-दिल-नवाज़ से शीर-ओ-शकर हैं हम

जीने के इश्तियाक़[2] से है फिर रामीदगी
फिर सीना-ए-हयात में अज़्म-ए-सफ़र हैं हम

हुश्यार-बाश ज़ुल्मत-ए-ग़म-ख़ाना-ए-हयात
फिर मरकज़-ए-तजल्ली-ए-शम्स-ओ-क़मर हैं हम

किस ज़ोम में है ऐ शब-ए-दैजूर-ए-ज़िंदगी
फिर राज़दार-ए-नूर-ए-तुलू-ए-सहर हैं हम

है किस ख़याल-ए-ख़ाम[3] में ऐ ख़ारज़ार-ए-दहर
फिर कामरान-ए-ख़ंदा-ए-गुल-हा-ए-तर हैं हम

फिर ज़िंदगी है ग़म की अमानत लिए हुए
हर दौलत-ए-नशात से फिर बहरा-वर[4] हैं हम

फिर फ़ैज़-ए-आशिक़ी से ब-ईं बे-बज़ाअती
जेब-ए-जहाँ में दौलत-ए-लाल-ओ-गुहर हैं हम

फिर बावजूद-ए-फ़क़्र वो हासिल है तुमतराक़[5]
तू ये कहे कि साहिब-ए-ताज-ओ-कमर हैं हम

आँखों में नूर-ए-मुसहफ़-ए-जानाँ लिए हुए
फिर किर्दगार-ए-इश्क़ के पैग़ाम-बर हैं हम

खुलते नहीं हैं 'जोश' दिमाग़ों पे दिल के राज़
बाला-तर अज़ रसाई-ए-नक़्द-ओ-नज़र हैं हम

---

1. शराब का कमाल 2. तमन्ना 3. वो बात या इच्छा जिसका पूरा होना संभव न हो 4. छंद 5. शान शौकत

## (168)

न छेड़ शाइर रबाब-ए-रंगीं ये बज़्म अभी नुक्ता-दाँ[1] नहीं है
तिरी नवा-संजियों के शायाँ फ़ज़ा-ए-हिन्दोस्ताँ नहीं है

तिरी समाअत निगार-ए-फ़ितरत के लहन की राज़-दाँ नहीं है
वगरना ज़र्रा है कौन ऐसा कि जिस के मुँह में ज़बाँ नहीं है

अगरचे[2] पामाल[3] हैं ये बहरें मगर सुख़न है बुलंद हमदम
न दिल में लाना गुमान-ए-पस्ती मिरी ज़मीं आसमाँ नहीं है

ज़मीर-ए-फ़ितरत में पुर-फ़िशाँ[4] है चमन की तरतीब-ए-नौ का अरमाँ
ख़िज़ाँ जिसे तो समझ रहा है वो दर-हक़ीक़त ख़िज़ाँ नहीं है

हरीम-ए-अनवार-ए-सरमदी है हर एक ज़र्रा ब-रब्ब-ए-काबा
मिरा ये ऐनी[5] मुशाहेदा है फ़रेब-ए-वहम-ओ-गुमाँ नहीं है

हर एक काँटे पे सुर्ख़ किरनें हर इक कली में चराग़ रौशन
ख़याल में मुस्कुराने वाले तिरा तबस्सुम कहाँ नहीं है

फ़लक से हंगाम-ए-शेर-गोई सदाएँ पैहम ये आ रही हैं
कि आज ऐ 'जोश' नुक्ता-परवर तिरा सा जादू बयाँ नहीं है

---

1. किसी कला विशेष की बारीकी जानने वाला 2. हालाँकि 3. पाँव से कुचला हुआ 4. बादलों के कणों से भरा हुआ 5. आँखों देखा

## (169)

सय्याद[1] दाम-ए-ज़ुल्फ़[2] से मुझ को रिहा करे
वो दिन तमाम उम्र न आए ख़ुदा करे

ले दे के रह गया है यही एक आसरा
ऐसा कभी न हो कि वो तर्क-ए-वफ़ा करे

मुझ बे-नवा[3] के नाज़ उठाए वो नाज़नीं[4]
सुल्तान और काविश-ए-क़ुर्ब-ए-गदा करे

दामान-ए-बू-ए-काकुल-ए-शब रंग छोड़ दे
या रब कभी ये ज़ुल्म न बाद-ए-सबा[5] करे

जिस के मरज़ पे सेहत-ए-आलम निसार हो
किस तरह वो मरीज़ दुआ-ए-शिफ़ा करे

बुत जिस पे मुल्तफ़ित[6] हो ब-हद्द-ए-सुपुर्दगी
ज़िंदीक़ है अगर वो ख़ुदा से दुआ करे

उम्र-ए-दराज़ ओ पुख़्तगी-ए-फ़िक्र-ए-नुक्ता-संज
कहती है ख़ाम काम मुझे हाँ कहा करे

उस रू-ए-दिल-नशीं पे निगाहें जमी रहीं
फ़रियाद कर रही है बसीरत[7] कि क्या करे

अब दाम-ए-हुस्न-ओ-इश्क़ से निकलूँ न ता-ब मर्ग
घर जल रहा है अक़्ल-ए-रसा का जला करे

हिकमत नमक-हराम हूँ बे-शक तिरा मगर
जिस पर पड़े ये वक़्त वो बेचारा क्या करे

या रब हिसार-ए-नज्द से अब उठ सके न 'जोश'
यूनान दे रहा है दुहाई दिया करे

---

1. शिकारी 2. बालों की लट 3. कंगाल 4. मोहिनी अदा वाली 5. वह हवा जो सुबह के समय पूर्व की ओर से चलती है 6. मेहरबान 7. अंतर्दृष्टि

## (170)

इस क़दर डूबा हुआ दिल दर्द की लज़्ज़त[1] में है
तेरा आशिक़ अंजुमन ही क्यूँ न हो ख़ल्वत[2] में है

जज़्ब कर लेना तजल्ली[3] रूह की आदत में है
हुस्न को महफ़ूज़ रखना इश्क़ की फ़ितरत में है

महव हो जाता हूँ अक्सर मैं कि दुश्मन हूँ तिरा
दिलकशी किस दर्जा ऐ दुनिया तिरी सूरत में है

उफ़ निकल जाती है ख़तरे ही का मौक़ा क्यूँ न हो
हुस्न से बेताब हो जाना मिरी फ़ितरत[4] में है

उस का इक अदना करिश्मा रूह वो इतना अजीब
अक़्ल इस्ति'जाब में है फ़ल्सफ़ा[5] हैरत में है

नूर का तड़का है धीमी हो चली है चाँदनी
हिल रहा है दिल मिरा मसरूफ़ वो ज़ीनत में है

---

1. मजा 2. संसर्ग 3. चमक 4. स्वभाव 5. दर्शन

## (171)

मैं रो रहा हूँ तेरी नज़र है इ'ताब की
शबनम को पी रही है किरन आफ़ताब की

बुझने पे दिल है साँस में भी ज़ाबता नहीं
ज़ालिम दुहाई है तिरे ज़ोर-ए-शबाब की

मंज़ूर है ख़ुदा को तो पहुँचूँगा रोज़-ए-हश्र
चेहरे पे ख़ाक मल के दर-ए-बूतुराब की

सूरत-परस्त मेरी निगाहों ने अस्ल में
दिल क्या मिरे वजूद की मिट्टी ख़राब की

हर पंखुड़ी के ताक़ में हँस हँस के सुब्ह को
शमएँ जला रही है किरन आफ़ताब की

लिल्लाहिल-हम्द[1] कि दिल शोला-फ़िशाँ है अब तक
पीर है जिस्म मगर तब्अ जवाँ है अब तक

बर्फ़-बारी है मह ओ साल की सर पर लेकिन
ख़ून में गर्मी-ए-पहलु-ए-बुताँ है अब तक

सर पे हर चंद मह ओ साल का ग़लताँ[2] है ग़ुबार
फ़िक्र में ताब-ओ-तब-ए-काहकशाँ है अब तक

कब से नब्ज़ों में वो झंकार नहीं है फिर भी
शेर में ज़मज़म-ए-आब-ए-रवाँ है अब तक

लिल्लाहिल-हम्द कि दरबार-ए-ख़राबात की ख़ाक
सुर्मा-ए-दीदा-ए-साहेब-नज़राँ है अब तक

ज़िंदगी कब से है काँटों की तिजारत से फ़िगार[3]
फिर भी तख़ईल में फूलों की दुकाँ है अब तक

फ़र्क़ पर वक़्त का पथराओ है कब से जारी
ज़ेहन में कारगह-ए-शीशागराँ[4] है अब तक

किस से कहिए कि ब-ईं फ़िक्र मिरा तार-ए-वजूद
ज़ख़्मा-ए-ग़ैब से लर्ज़ां ओ तपाँ है अब तक

कब से हूँ मुनकिर-ए-गुल्बाँग-ए-मलाएक फिर भी
दिल पे जिबरील की दस्तक का गुमाँ[5] है अब तक

कब से हूँ बस्ता-ए-नाक़ूस-ओ-मज़ामीर-ए-बुताँ
फिर भी सीने में कोई गर्म-अज़ाँ है अब तक

सख़्त हैराँ हूँ कि इस कुफ़्र[6] के जंगल में भी 'जोश'
चश्म-ए-यज़्दाँ मिरी जानिब निगराँ है अब तक

---

1. खुदा का शुक्र 2. परेशान 3. घायल 4. कांच बनाने वालों का कार्य स्थल 5. घमंड 6. छिपा हुआ

## (172)

यूँ ढल गया है दर्द में दरमाँ कभी कभी
नग़मे बने हैं गिर्या-ए-पिन्हाँ कभी कभी

हौंकी[1] हैं बाद-ए-सुब्ह की रौ में भी आँधियाँ
उब्ला है साहिलों[2] से भी तूफ़ाँ कभी कभी

बढ़ता चला गया हूँ उन्हीं की तरफ़ कुछ और
यूँ भी हुआ हूँ उन से गुरेज़ाँ[3] कभी कभी

आँचों में गुनगुनाते हैं गुलज़ार गाह-गाह[4]
शो'लों से पट गया है गुलिस्ताँ कभी कभी

लय से निकल पड़ी है कभी हिचकियों की फ़ौज
आहें बनी हैं राग का उनवाँ[5] कभी कभी

दामान-ए-गुल-रुख़ाँ की उड़ा दी हैं धज्जियाँ
फाड़ा है हम ने यूँ भी गरेबाँ कभी कभी

कलियाँ झुलस गई हैं दहकने लगे हैं फूल
यूँ भी चली है बाद-ए-बहाराँ कभी कभी

उस वक़्त भी कि ख़ातिर-ए-मजमूआ' थी नसीब
कम-बख़्त दिल हुआ है परेशाँ कभी कभी

---

1. दरिंदो का हुंकारा जो गुस्से में भरे 2. किनारा 3. अनिच्छुक 4. कभी कभी 5. प्रकार

## (173)

ये नसीब-ए-शाइरी है ज़हे शान-ए-किब्रियाई[1]
कि मिले न ज़िंदगी भर मुझे दाद-ए-ख़ुश-नवाई

ब-ख़ुदा अज़ीम-तर है शोहदा के ख़ून से भी
मिरे सीना-ए-क़लम में जो भरी है रौशनाई

ये अजीब माजरा है कि ख़दयू-ए-हफ़्त-क़ुल्ज़ूम
तरफ़-ए-सराब दौड़े पै-ए-क़िस्मत-आज़माई

फ़लक और उसे झुकाए सर-ए-मंज़िल-ए-सफ़ीहाँ
मलक आएँ जिस के दर पर ब-हवा-ए-जब्हा-साई

चमन-ए-शुऊर-ए-नौ को जो लहू से अपने सींचे
कभी उस को सुख न बख़्शे कोई पंजा-ए-हिनाई

हमा साज़ हूँ ब-ज़ाहिर हमा सोज़ हूँ ब-बातिन
मिरी ज़िंदगी बुकाई मिरी शाइरी ग़िनाई

मिरे तार ओ पौद लर्ज़ां ब-हवा-ए-ना-मुरादी
मिरे ख़द्द-ओ-ख़ाल दरख़्शाँ ब-तबस्सुम-ए-रियाई

मिरा दिल है गिर्या मस्कन मिरे लब तराना मंज़िल
मिरी नय शिकस्त-ए-ख़ातिर मिरी लय है मोम्याई

मिरा जाम-ए-शब सुलेमाँ हमा ताज-ए-ख़ुसरवाना
मिरी चश्म-ए-रोज़ पैमा हमा कासा-ए-गदाई

मिरी बारगाह-ए-हस्ती हमा इज्ज़ बंदगाना
मिरी बारगाह-ए-मस्ती हमा सतवत-ए-ख़ुदाई

दर-ए-ख़ल्क़ पर झुका है न झुकेगा ता क़यामत[2]
सर-ए-'जोश' में भरा है वो ग़ुरूर-ए-किब्रियाई

---

1. ईश्वर की महानता 2. प्रलय

## (174)

दिल-ए-आज़ादा-रौ में वो तमन्ना थी बयाबाँ की
क़दम रखते ही शक़ होने लगी दीवार ज़िंदाँ की

ख़ुदा की रहमतें ऐ मुतरिब-ए-रंगीं-नवा तुझ पर
कि हर काँटे में तू ने रूह दौड़ा दी गुलिस्ताँ की

ये साबित कर दिया तुझ को बना कर दस्त-ए-क़ुदरत[1] ने
कि हो सकती हैं इतनी ख़ूबियाँ सूरत में इंसाँ की

नसीम-ए-सुब्ह[2] ठंडी साँस भरती है मज़ारों पर
उदासी मुँह-अँधेरे देखिए गोर-ए-ग़रीबाँ की

ये आलम क्या है इक मजमूआ' है नाचीज़[3] ज़र्रों का
ये दुनिया क्या है इक तरकीब अज्ज़ा-ए-परेशाँ की

हवाओं के वो झोंके वो खुले मैदान की सर्दी
वो लहरें चाँद से रुख़्सार पर ज़ुल्फ़-ए-परेशाँ[4] की

हमारी ज़िंदगी क्या सिलसिला इक दिल धड़कने का
हमारी मौत क्या जुम्बिश है इक जज़्बात-ए-पिन्हाँ की

बना देंगी यक़ीं है 'जोश' मर्द-ए-बा-ख़ुदा इक दिन
तपिश-अंदोज़ियाँ[5] सीने में बर्क़-ए-सोज़-ए-पिन्हाँ की

---

1. शक्ति 2. सुबह की खुशबूदार हवा 3. बेकार 4. बिखरे हुए बाल 5. हरारत हासिल करने वाला

## (175)

जी में आता है कि फिर मिज़्गाँ[1] को बरहम[2] कीजिए
कासा-ए-दिल ले के फिर दरयूज़ा-ए-ग़म कीजिए

गूँजता था जिस से कोह-ए-बे-सुतून[3] ओ दश्त-ए-नज्द
गोश-ए-जाँ को फिर उन्हीं नालों का महरम कीजिए

हुस्न-ए-बे-परवा को दे कर दावत-ए-लुत्फ़-ओ-करम
इश्क़ के ज़ेर-ए-नगीं फिर हर दो आलम कीजिए

दौर-ए-पेशीं की तरह फिर डालिए सीने में ज़ख़्म
ज़ख़्म की लज़्ज़त से फिर तय्यार मरहम कीजिए

सुब्ह से ता शाम रहिए क़िस्सा-ए-आरिज़ में गुम
शाम से ता सुब्ह ज़िक्र-ए-ज़ुल्फ़-ए-बरहम कीजिए

दिन के हंगामों को कीजिए दिल के सन्नाटे में ग़र्क़
रात की ख़ामोशियों को वक़्फ़-ए-मातम कीजिए

दाइमी[4] आलाम का ख़ूगर[5] बना कर रूह को
ना-गहानी हादसों की गर्दनें ख़म कीजिए

ग़ैज़ की दौड़ी हुई है लहर सी असनाम[6] में
'जोश' अब अहल-ए-हरम से दोस्ती कम कीजिए

---

1. पलकें 2. गुस्से में 3. वह पहाड़ जिसे फरहाद ने खोद कर नहर निकाली थी 4. नित्य का 5. आदी 6. मूर्ति

## (176)

ऐ वतन पाक वतन रूह-ए-रवान-ए-अहरार
ऐ कि ज़र्रों में तिरे बू-ए-चमन रंग-ए-बहार
ऐ कि ख़्वाबीदा[1] तिरी ख़ाक में शाहाना[2] वक़ार[3]
ऐ कि हर ख़ार तिरा रू-कश-ए-सद-रू-ए-निगार
रेज़े अल्मास के तेरे ख़स-ओ-ख़ाशाक में हैं
हड्डियाँ अपने बुज़ुर्गों की तिरी ख़ाक में हैं

पाई ग़ुंचों में तिरे रंग की दुनिया हम ने
तेरे काँटों से लिया दरस-ए-तमन्ना हम ने
तेरे क़तरों से सुनी क़िरअत-ए-दरिया हम ने
तेरे ज़र्रों में पढ़ी आयत-ए-सहरा हम ने
क्या बताएँ कि तिरी बज़्म में क्या क्या देखा
एक आईने में दुनिया का तमाशा देखा

तेरी ही गर्दन-ए-रंगीं में हैं बाँहें अपनी
तेरे ही इश्क़ में हैं सुब्ह की आहें अपनी
तेरे ही हुस्न से रौशन हैं निगाहें अपनी
कज हुईं तेरी ही महफ़िल में कुलाहें अपनी
बाँकपन सीख लिया इश्क़ की उफ़्तादों से
दिल लगाया भी तो तेरे ही परी-ज़ादों से

पहले जिस चीज़ को देखा वो फ़ज़ा तेरी थी

पहले जो कान में आई वो सदा तेरी थी
पालना जिस ने हिलाया वो हवा तेरी थी
जिस ने गहवारे[4] में चूमा वो सबा तेरी थी
अव्वलीं रक़्स हवा मस्त घटाएँ तेरी
भीगी हैं अपनी मसें आब-ओ-हवा में तेरी

ऐ वतन आज से क्या हम तिरे शैदाई[5] हैं
आँख जिस दिन से खुली तेरे तमन्नाई हैं
मुद्दतों से तिरे जल्वों के तमाशाई हैं
हम तो बचपन से तिरे आशिक़-ओ-सौदाई हैं
भाई तिफ़्ली से हर इक आन जहाँ में तेरी
बात तुतला के जो की भी तो ज़बाँ में तेरी

हुस्न तेरे ही मनाज़िर[6] ने दिखाया हम को
तेरी ही सुब्ह के नग़्मों ने जगाया हम को
तेरे ही अब्र ने झूलों में झुलाया हम को
तेरे ही फूलों ने नौ-शाह बनाया हम को
ख़ंदा-ए-गुल की ख़बर तेरी ज़बानी आई
तेरे बाग़ों में हवा खा के जवानी आई

तुझ से मुँह मोड़ के मुँह अपना दिखाएँगे कहाँ
घर जो छोड़ेंगे तो फिर छावनी छाएँगे कहाँ
बज़्म-ए-अग़्यार में आराम ये पाएँगे कहाँ
तुझ से हम रूठ के जाएँ भी तो जाएँगे कहाँ
तेरे हाथों में है क़िस्मत का नविश्ता[7] अपना
किस क़दर तुझ से भी मज़बूत है रिश्ता अपना

ऐ वतन जोश है फिर क़ुव्वत-ए-ईमानी में
ख़ौफ़ क्या दिल को सफ़ीना है जो तुग़्यानी में
दिल से मसरूफ़ हैं हर तरह की क़ुर्बानी में
महव हैं जो तिरी कश्ती की निगहबानी में
ग़र्क़ करने को जो कहते हैं ज़माने वाले
मुस्कुराते हैं तिरी नाव चलाने वाले

हम ज़मीं को तिरी नापाक न होने देंगे
तेरे दामन को कभी चाक न होने देंगे
तुझ को जीते हैं तो ग़मनाक न होने देंगे
ऐसी इक्सीर को यूँ ख़ाक न होने देंगे
जी में ठानी है यही जी से गुज़र जाएँगे
कम से कम वादा ये करते हैं कि मर जाएँगे

---

1. नींद में 2. राजसी 3. प्रतिष्ठा 4. घर 5. प्रेमी 6. तमाशागाहें 7. दस्तावेज

## (177)

लोग हम से रोज़ कहते हैं ये आदत छोड़िए
ये तिजारत[1] है ख़िलाफ़-ए-आदमियत[2] छोड़िए

इस से बद-तर लत नहीं है कोई ये लत छोड़िए
रोज़ अख़बारों में छपता है कि रिश्वत छोड़िए

भूल कर भी जो कोई लेता है रिश्वत चोर है
आज क़ौमी पागलों में रात दिन ये शोर है

किस को समझाएँ उसे खोदें तो फिर पाएँगे क्या
हम अगर रिश्वत नहीं लेंगे तो फिर खाएँगे क्या

क़ैद भी कर दें तो हम को राह पर लाएँगे क्या
ये जुनून-ए-इश्क़[3] के अंदाज़ छुट जाएँगे क्या

मुल्क भर को क़ैद कर दे किस के बस की बात है
ख़ैर से सब हैं कोई दो-चार दस की बात है

ये हवस ये चोर बाज़ारी ये महँगाई ये भाव
राई की क़ीमत हो जब पर्बत तो क्यूँ न आए ताव

अपनी तनख़्वाहों के नाले में है पानी आध-पाव

और लाखों टन की भारी अपने जीवन की है नाव
जब तलक रिश्वत न लें हम दाल गल सकती नहीं

नाव तनख़्वाहों के पानी में तो चल सकती नहीं

रिश्वतों की ज़िंदगी है चोर-बाज़ारी के साथ

चल रही है बे-ज़री अहकाम-ए-ज़रदारी के साथ
फुर्तियाँ चूहों की हैं बिल्ली की तर्रारी के साथ

आप रोकें ख़्वाह कितनी ही सितमगारी[4] के साथ
हम नहीं हिलने के सुन लीजे किसी भौंचाल से

काम ये चलता रहेगा आप के इक़बाल से
ये है मिल वाला वो बनिया है ये साहूकार है

ये है दूकाँ-दार वो है वेद ये अत्तार[5] है
वो अगर ठग है तो ये डाकू है वो बट-मार है

आज हर गर्दन में काली जीत का इक हार है
हैफ़ मुल्क-ओ-क़ौम की ख़िदमत-गुज़ारी के लिए

रह गए हैं इक हमीं ईमान-दारी के लिए
भूक के क़ानून में ईमान-दारी जुर्म है

और बे-ईमानियों पर शर्मसारी जुर्म है
डाकुओं के दौर में परहेज़-गारी जुर्म है

जब हुकूमत ख़ाम हो तो पुख़्ता-कारी[6] जुर्म है
लोग अटकाते हैं क्यूँ रोड़े हमारे काम में

जिस को देखो ख़ैर से नंगा है वो हम्माम में
तोंद वालों की तो हो आईना-दारी वाह वा

और हम भूखों के सर पर चाँद-मारी वाह वा
उन की ख़ातिर सुब्ह होते ही नहारी[7] वाह वा

और हम चाटा करें ईमान-दारी वाह वा
सेठ जी तो ख़ूब मोटर में हवा खाते फिरें

और हम सब जूतियाँ गलियों में चटख़ाते फिरें
ख़ूब हक़ के आस्ताँ पर और झुके अपनी जबीं

जाइए रहने भी दीजे नासेह-ए-गर्दूं-नशीं
तौबा तौबा हम भड़ी में आ के और देखें ज़मीं

आँख के अंधे नहीं हैं गाँठ के पूरे नहीं
हम फटक सकते नहीं परहेज़-गारी के क़रीब

अक़्ल-मंद आते नहीं ईमान-दारी के क़रीब
इस गिरानी में भला क्या ग़ुंचा-ए-ईमाँ खिले

जौ के दाने सख़्त हैं ताँबे के सिक्के पिल-पिले
जाएँ कपड़े के लिए तो दाम सुन कर दिल हिले

जब गरेबाँ ता-ब-दामन आए तो कपड़ा मिले
जान भी दे दे तो सस्ते दाम मिल सकता नहीं

आदमियत का कफ़न है दोस्तों कपड़ा नहीं
सिर्फ़ इक पतलून सिलवाना क़यामत हो गया

वो सिलाई ली मियाँ दर्ज़ी ने नंगा कर दिया
आप को मालूम भी है चल रही है क्या हवा

सिर्फ़ इक टाई की क़ीमत घोंट देती है गला
हल्की टोपी सर पे रखते हैं तो चकराता है सर

और जूते की तरफ़ बढ़िए तो झुक जाता है सर
थी बुज़ुर्गों की जो बनियाइन वो बनिया ले गया

घर में जो गाढ़ी कमाई थी वो गाढ़ा ले गया
जिस्म की एक एक बोटी गोश्त वाला ले गया

तन में बाक़ी थी जो चर्बी घी का प्याला ले गया
आई तब रिश्वत की चिड़िया पँख अपने खोल कर

वर्ना मर जाते मियाँ कुत्ते की बोली बोल कर
पत्थरों को तोड़ते हैं आदमी के उस्तुख़्वाँ[8]

संग-बारी हो तो बन जाती है हिम्मत साएबाँ
पेट में लेती है लेकिन भूक जब अंगड़ाइयाँ

और तो और अपने बच्चे को चबा जाती है माँ
क्या बताएँ बाज़ियाँ हैं किस क़दर हारे हुए

रिश्वतें फिर क्यूँ न लें हम भूक के मारे हुए
आप हैं फ़ज़्ल-ए-ख़ुदा-ए-पाक से कुर्सी-नशीं

इंतिज़ाम-ए-सल्तनत है आप के ज़ेर-ए-नगीं[9]
आसमाँ है आप का ख़ादिम तो लौंडी है ज़मीं

आप ख़ुद रिश्वत के ज़िम्मेदार हैं फ़िदवी नहीं
बख़्शते हैं आप दरिया कश्तियाँ खेते हैं हम

आप देते हैं मवाक़े' रिश्वतें लेते हैं हम
ठीक तो करते नहीं बुनियाद-ए-ना-हमवार को

दे रहे हैं गालियाँ गिरती हुई दीवार को
सच बताऊँ ज़ेब ये देता नहीं सरकार को

पालिए बीमारियों को मारिए बीमार को
इल्लत-ए-रिश्वत को इस दुनिया से रुख़्सत कीजिए

वर्ना रिश्वत की धड़ल्ले से इजाज़त दीजिए
बद बहुत बद-शक्ल हैं लेकिन बदी है नाज़नीं

जड़ को बोसे दे रहे हैं पेड़ से चीं-बर-जबीं
आप गो पानी उलचते हैं ब-तर्ज़-ए-दिल-नशीं

नाव का सूराख़ लेकिन बंद फ़रमाते नहीं
कोढ़ियों पर आस्तीं कब से चढ़ाए हैं हुज़ूर

कोढ़ को लेकिन कलेजे से लगाए हैं हुज़ूर
दस्त-कारी के उफ़ुक़ पर अब्र बन कर छाइए

जहल के ठंडे लहू को इल्म से गर्माइए
कार-ख़ाने कीजिए क़ाएम मशीनें लाइए

उन ज़मीनों को जो महव-ए-ख़्वाब हैं चौंकाइए
ख़्वाह कुछ भी हो मुंढे ये बैल चढ़ सकती नहीं

मुल्क में जब तक कि पैदा-वार बढ़ सकती नहीं
दिल में जितना आए लूटें क़ौम को शाह-ओ-वज़ीर

खींच ले ख़ंजर कोई जोड़े कोई चिल्ले में तीर
बे-धड़क पी कर ग़रीबों का लहू अकड़ें अमीर

देवता बन कर रहें तो ये ग़ुलामान-ए-हक़ीर
दोस्तों की गालियाँ हर आन सहने दीजिए

ख़ाना-ज़ादों को यूँही शैतान रहने दीजिए
दाम इक छोटे से कूज़े के हैं सौ जाम-ए-बिलूर

मोल लेने जाएँ इक क़तरा तो दें नहर-ओ-क़ुसूर
इक दिया जो बेचता है माँगता है शम-ए-तूर

इक ज़रा से संग-रेज़े की है क़ीमत कोह-ए-नूर
जब ये आलम है तो हम रिश्वत से क्या तौबा करें

तौबा रिश्वत कैसी हम चंदा न लें तो क्या करें
ज़ुल्फ़ उस को-ऑपरेटिव सिलसिले की है दराज़

छेड़ते हैं हम कभी तो वो कभी रिश्वत का साज़
गाह हम बनते हैं क़ुमरी[10] गाह वो बनते हैं बाज़

आप को मालूम क्या आपस का ये राज़-ओ-नियाज़
नाव हम अपनी खिवाते भी हैं और खेते भी हैं

रिश्वतों के लेने वाले रिश्वतें देते भी हैं
बादशाही तख़्त पर है आज हर शय जल्वा-गर[11]

फिर रहे हैं ठोकरें खाते ज़र-ओ-ला'ल-ओ-गुहर
ख़ास चीज़ें क़ीमतें उन की तो हैं अफ़्लाक पर

आब-ख़ोरा मुँह फुलाता है अठन्नी देख कर
चौदा आने सेर की आवाज़ सुन कर आज-कल

लाल हो जाता है ग़ुस्से से टमाटर आज-कल
नस्तरन[12] में नाज़ बाक़ी है न गुल में रंग-ओ-बू

अब तो है सेहन-ए-चमन में ख़ार-ओ-ख़स की आबरू
ख़ुर्दनी चीज़ों के चेहरों से टपकता है लहू

रुपये का रंग फ़क़ है अशरफ़ी है ज़र्द-रू
हाल के सिक्के को माज़ी का जो सिक्का देख ले

सौ रूपे के नोट के मुँह पर दो अन्नी थूक दे
वक़्त से पहले ही आई है क़यामत देखिए

मुँह को ढाँपे रो रही है आदमियत देखिए
दूर जा कर किस लिए तस्वीर-ए-इबरत[13] देखिए

अपने क़िबला 'जोश' साहब ही की हालत देखिए

इतनी गम्भीरी पे भी मर-मर के जीते हैं जनाब
सौ जतन करते हैं तो इक घूँट पीते हैं जनाब

---

1. व्यापार 2. इंसानियत के खिलाफ 3. मोहब्बत का पागलपन 4. अत्याचार करना 5. औषधि बेचने वाला 6. तजुर्बा 7. नाश्ता 8. हड्डी 9. अधिकार के तहत 10. एक प्रसिद्ध सफेद पक्षी 11. प्रकट 12. सफेद गुलाब 13. किसी वस्तु या विषय की ऐसी छवि जिससे कोई पाठ सीखा जा सके

## (178)

किस दर्जा फ़ुसूँ-कार[1] वो अल्लाह ग़नी है
क्या मौजा-ए-ताबिंदगी ओ सीम-तनी है
अंदाज़ है या जज़्बा-ए-गरदूँ-ज़दनी है
आवाज़ है या बरबत-ए-ईमाँ-शिकनी है
जंगल की सियह रात है या ज़ुल्फ़ घनी है
क्या गुल-बदनी गुल-बदनी गुल-बदनी है

ये लय है कि खिलती हुई ग़ुंचे की कमानी
महका हुआ ये तन है कि ये रात की रानी
लहजे की ये रौ है कि बरसता हुआ पानी
लर्ज़िश में ये मिज़्गाँ[2] है कि परियों की कहानी
ये सुर्ख़ी-ए-लब है कि अक़ीक़-ए-यमनी है
क्या गुल-बदनी गुल-बदनी गुल-बदनी है

मेहराब है रुख़्सार के परतव से ज़र-अफ़्शाँ[3]
ज़ुल्फ़ों में शब-ए-तार है आँखों में चराग़ाँ
मेहंदी की सजावट कि हथेली पे गुलिस्ताँ
या हल्क़ा-ए-उश्शाक़ में है चेहरा-ए-ताबाँ
या ख़ातम-ए-ताबिंदा पे हीरे की कनी है
क्या गुल-बदनी गुल-बदनी गुल-बदनी है

सीने पे ये पल्लू है कि इक मौज-ए-हयाबी

माथा है कि इक सुब्ह का परतव है शहाबी
आँखें हैं कि बहके हुए दो मस्त शराबी
पैकर है कि इंसान के साँचे में गुलाबी
गेसू हैं कि गुल-बाज़ी-ए-मुश्क-ए-ख़ुतनी है
क्या गुल-बदनी गुल-बदनी गुल-बदनी है

काकुल[4] में दरख़्शाँ[5] है ये पेशानी-ए-रक़्साँ
या साया-ए-ज़ुल्मात में है चश्मा-ए-हैवाँ
हाथों पे है ये चेहरा कि है रेहल पे क़ुरआँ
और चेहर-ए-गुल-रंग में ग़लताँ ओ ख़रोशाँ
रख़शंदगी-ए-ख़ून-ए-रग-ए-यासिमनी है
क्या गुल-बदनी गुल-बदनी गुल-बदनी है

इश्वे हैं कि इक फ़ौज खड़ी लूट रही है
छल-बल है कि छाती को ज़मीं कूट रही है
अंगड़ाई का ख़म है कि धनक टूट रही है
मुखड़ा है कि पर्बत पे किरन फूट रही है
क़ामत है कि बर्नाई-ए-सर्व-ए-चमनी है
क्या गुल-बदनी गुल-बदनी गुल-बदनी है

तन में है वो ख़ुशबू कि हैं गुल सर-ब-गरेबाँ
चेहरे पे वो सुर्ख़ी है कि हैरान गुलिस्ताँ
वो चाल में है लोच कि शाख़ें हैं पशेमाँ[6]
और लाल-ए-गुहर-बार पे वो नग़्मा है ग़लताँ
वो नग़्मा कि इक वलवला-ए-शोला-ज़नी है
क्या गुल-बदनी गुल-बदनी गुल-बदनी है

गर्दन में चंदन-हार है हाथों में है कंगन
उमडे हुए इश्वे हैं गरजता हुआ जौबन
जौलाँ है जवानी के धुँदलके में लड़कपन
कोरा है जो पिण्डा तो जुनूँ-ख़ेज़ है उबटन
गुल-रंग शलूका है क़बा नारदनी है
क्या गुल-बदनी गुल-बदनी गुल-बदनी है

ख़ल्वत में वो तस्लीम है जल्वत में तहक्कुम[7]
साहिल पे सुबुक-मौज सफ़ीने में तलातुम[8]
हुजरे में ख़मोशी है शबिस्ताँ में तकल्लुम[9]
ख़ेमे में तुनुक आह ख़यालों में तरन्नुम
आग़ोश में तलवार है घूँघट में बनी है
क्या गुल-बदनी गुल-बदनी गुल-बदनी है

हर नक़्श-ए-क़दम पर है फ़िदा ताज-ए-कयानी
हर गाम में है चश्मा-ए-कौसर की रवानी
हर एक बुन-ए-मू से उबलती है जवानी
उठती है मसामात[10] से यूँ भाप सी धानी
गोया कोई महकी हुई चादर सी तनी है
क्या गुल-बदनी गुल-बदनी गुल-बदनी है

---

1. जादूगर 2. पलकें 3. चमकदार 4. ज़ुल्फ 5. चमकीला 6. अलग करना
7. हुकुम दिखाना 8. बेचैनी 9. बातचीत करना 10. शरीर के रोम कूप

www.ingramcontent.com/pod-product-compliance
Lightning Source LLC
LaVergne TN
LVHW021127160826
845679LV00015B/1670

* 9 7 8 9 3 9 0 9 6 0 2 9 3 *